액팅글리시 곤쌤의

쉐도잉 치트키

영어패턴 + 구동사

100

김동곤 지음

영어표현력이 폭발하는 100일 스피킹 트레이닝

DARAKWON

"Better late than never!"

제가 개인적으로 정말 좋아하는 영어 속담입니다. '안 하는 것보다는 늦게라도 하는 게 더 낫다'라는 의미죠. 저는 어릴 때 영어 유치원에 다닌 것도 아니고, 해외에서 학교를 다니지도 않았습니다. 대부분의 한국사람들처럼 입시 위주의 영어 교육을 받으면서 성장했고, 영어회화는 완전히 뒷전이었습니다. 하지만 지금은 원어민 친구들과 영어로 수다를 떨고, 자막 없이 미드를 즐기는 소위 '영어 고수'가 되었습니다.

여러분도 절대 늦지 않았습니다! 오늘부터 저와 함께 한 문장 한 문장씩 쌓아 가다 보면, 틀림없이 저처럼 영어로부터 자유로워지는 날이 올 거예요! 이를 위해 일상생활에서 하고 싶은 기본적인 말을 다 할 수 있게 도와주는 필수 패턴 100개와 핵심 구동사 100개를 준비했습니다.

왜 패턴이 필요한가요?

초보 영어 학습자에게 가장 효과적인 학습 방법 중 하나가 '패턴 익히기'입니다. '패턴'이란 어떤 문장이 구성되는 고정적인 형태를 뜻하는데, 패턴에 표현만 바꿔 끼우면 다양한 문장을 쉽게 만들 수 있기 때문에 아주 효율적인 학습 방법이죠. 일단 많은 패턴을 알고 있으면 영어로 쉽게 입을 뗄 수 있으니, 영어 스피킹 공부의 시작 단계에도 적합한 학습법이라 할 수 있습니다.

어떤 패턴을 어떻게 공부해야 할까요?

이 책에는 제가 미국에서 살면서 가장 많이 사용했던 핵심 패턴 100개가 담겨 있습니다. I'm ~.이나 Let's ~.처럼 너무 쉬운 왕기초 패턴은 빼고, 일상생활에서 정말 많이 사용하는 활용도 높은 패턴을 엄선했죠. 그런데 그냥 패턴만 익혀서는 막상 실전에서 써먹기 어렵습니다. 상황에 맞춰서 그때그때 말하는 것을 많이들 어려워하는데, 패턴을 알아도 간단한 문장조차 영어로 말하기 힘든 이유는 패턴에 녹일 적절한 일상 표현이 충분히 축적되어 있지 않기 때문이죠. 따라서 패턴에 들어가는 일상 표현을 확장하는 일은 아주 중요합니다. 그래서 이 책에는 최대한 다양하고 실제 회화에서 자주 쓰는 표현을 가득 담았습니다. 그중 큰 부분을 차지하는 게 구동사입니다.

구동사는 무엇인가요?

구동사란 '동사+전치사', '동사+부사'로 만들어진 표현입니다. go, come, get, take 같은 쉬운 동사가 up, on, over, down 같은 전치사나 부사와 결합하면 동사가 원래 지닌 뜻과는 또 다른 의미를 갖게 되죠. 우리가 평상시 많이 접하는 give up(포기하다), turn down(거절하다) 같은 표현이 모두 구동사에 해당합니다.

왜 구동사를 알아야 하나요?

원어민들은 일상생활에서 구동사를 밥 먹듯이 씁니다. 미드나 영화를 봐도 엄청나게 많은 구동사가 쓰이는 걸 알 수 있죠. 구동사 학습은 최고로 가성비 높은 단어 공부법이기도 합니다. 예를 들어 볼까요? 불이 난 걸 보고 '불 꺼!'라고 할 때 뭐라고 할까요? 사전을 찾아보면 extinguish라는 어려운 단어가 나오는데, 이건 매뉴얼 같은 데에 나오는 단어일 뿐, 실제로 말할 때에는 잘 쓰지 않습니다. 이때 원어민은 Put it out!이란 표현을 씁니다. put은 '놓다', out은 '밖으로'란 뜻인데, 이 두 단어가 결합되면 '그것(불)을 밖으로 내 놓아라', 즉 '불을 꺼라'라는 의미가 되는 거죠. go, come, get, take, put처럼 초등학생도 아는 쉬운 동사와 전치사/부사를 조합하면 새로운 표현을 엄청나게 익힐 수 있습니다. 구동사의 다양한 의미들만 정리해 나가도 무궁무진하게 표현력을 향상할 수 있게 되는 거죠.

패턴과 구동사로 스피킹을 잡아라!

이 책은 원어민이 실생활에서 매일 쓰는 필수 패턴을 먼저 익히고, 핵심 구동사를 배워 표현을 확장해 나갈 수 있도록 구성했습니다. 끝에 이르러서는 패턴과 구동사를 조합하여 필요한 문장을 자유자재로 스피킹할 수 있게 해 주지요. 회화에 꼭 필요한 패턴과 구동사만 쏙쏙 뽑았으니 단계별 훈련을 통해 영어 말하기 실력을 키워 보세요.
자, 오늘부터 1일입니다! 저와 함께 끝까지 달리면서 '필수 패턴 100개+핵심 구동사 100개'를 확실하게 내 것으로 만들어 봅시다!

김동곤(곤쌤)

이 책의 구성과 활용

패턴 익히기

Week마다 5개의 패턴을 예문과 함께 익힙니다. 원어민이 일상생활에서 많이 쓰는 필수 패턴을 학습하면서 영어의 기본적인 문장 구조를 익힐 수 있습니다.

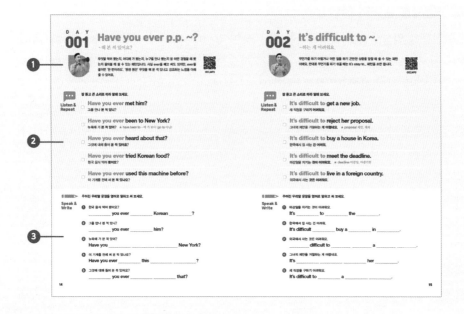

① 오늘 배울 영어 패턴을 곤쌤의 친절한 설명과 함께 익힙니다. 직접 강의를 듣듯 핵심 내용을 생생하게 전달해 드립니다.

② QR코드를 찍어 원어민 발음을 들으면서 패턴 문장을 따라 말해 봅니다. 일상적인 대화에서 흔히 쓰는 구어체 문장 위주로 담았으니 통째로 외워도 좋습니다.

③ 앞에서 배운 문장을 제대로 익혔는지 복습해 보는 코너입니다. 먼저 우리말 해석을 보고 영어로 소리 내어 말한 후, 빈칸을 알맞게 채워 봅시다.

패턴 복습하기

한 주에 학습한 패턴 5개를 활용해 주어진 기본 문장을 다양하게 바꿔 말해 봅니다. 패턴을 활용해 버퍼링 없이 바로 입에서 알맞은 영어 문장이 튀어 나올 수 있도록 훈련합니다.

1 패턴을 활용해서 말할 기본 문장입니다.

2 주어진 패턴을 활용해 기본 문장을 조금씩 변형해 봅니다. 알맞은 동사 형태를 사용하도록 주의하세요.

3 내가 만든 문장이 맞는지 바로 아래에서 정답을 확인할 수 있습니다.

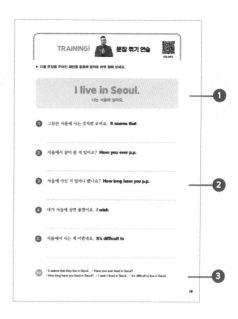

구동사 익히기

look, put, keep 등 기본 동사 20개에서 회화에 꼭 필요한 핵심 구동사를 5개씩 뽑았습니다. 단계적인 학습을 통해 각 구동사를 확실하게 익힐 수 있습니다.

1 동사와 전치사/부사의 의미를 연결해 구동사의 뜻을 쉽게 이해할 수 있도록 풀어서 설명했습니다.

2 회화에서 가장 많이 사용되는 구동사의 핵심 의미 5개를 예문과 함께 익힙니다.

3 앞에서 배운 구동사를 제대로 익혔는지 확인하는 연습문제입니다.

4 구동사를 응용해서 말해 보는 훈련입니다. 기존 예문에서 어휘만 바꿔서 영작해 보세요.

5

대화문으로 연습하기

앞에서 배운 문장들이 실제로 어떻게 사용되는지를 대화 속에서 익힐 수 있습니다. 우리 말 해석을 보고 영어로 바꿔 말해 보세요.

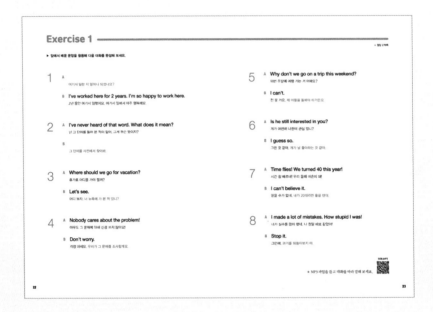

패턴+구동사 조합하기

앞에서 배운 패턴 5개와 구동사 5개를 유기적 으로 조합해 새로운 문장을 만들어 봅니다. 표 현력을 확장하는 데 효과 만점의 훈련입니다.

종합 복습하기

5개 Week가 끝날 때마다 Review가 나옵니다. 앞에서 배운 25개의 패턴과 25개의 구동사를 종합적으로 복습할 수 있습니다. 문제 C와 D에서는 다양한 패턴과 구동사를 조합해 새로운 문장을 만들면서 응용력도 키웁니다.

학습 자료 활용하기

🎧 이 책의 MP3 듣기

모든 MP3 파일은 다락원 홈페이지(www.darakwon.co.kr)에서 무료로 내려받을 수 있습니다. 오른쪽의 QR코드를 찍으면 스마트폰으로도 바로 네이티브의 발음을 들을 수 있습니다.

MP3 듣기

....

▶ 저자 유튜브 〈곤쌤의 액팅글리시〉 바로가기

저자 유튜브에 방문하면 추가 패턴과 구동사, 원어민이 많이 사용하는 부사구와 숙어 등 천 개가 넘는 다양한 영어학습 관련 영상을 시청할 수 있습니다. 이 책의 예습 영상도 순차적으로 업로드됩니다.

저자 유튜브

차례

1st Week

DAY 001	Have you ever p.p. ~?	014
DAY 002	It's difficult to ~.	015
DAY 003	It seems that ~.	016
DAY 004	How long have you p.p. ~?	017
DAY 005	I wish + 주어 + 과거동사 ~.	018
◆ look 구동사		020

2nd Week

DAY 006	I'm dying to ~.	026
DAY 007	I want you to ~.	027
DAY 008	You'd better ~.	028
DAY 009	There's no way ~.	029
DAY 010	This is the first time I've p.p. ~.	030
◆ put 구동사		032

3rd Week

DAY 011	I'm not in the mood for ~.	038
DAY 012	I was just about to ~.	039
DAY 013	I knew you'd ~.	040
DAY 014	You must have p.p. ~.	041
DAY 015	I told you to ~.	042
◆ give 구동사		044

4th Week

DAY 016	I was busy -ing ~.	050
DAY 017	Make sure that ~.	051
DAY 018	I'm sick of ~.	052
DAY 019	What's the point of -ing ~?	053
DAY 020	I was told to ~.	054
◆ go 구동사		056

5th Week

DAY 021	I can't wait to ~.	062
DAY 022	I didn't mean to ~.	063
DAY 023	It's no use -ing ~.	064
DAY 024	I've always wanted to ~.	065
DAY 025	Don't hesitate to ~.	066
◆ take 구동사		068

| ◆ 곤쌤의 영어 꿀팁 | 073 |
| ◆ Review 1 (1st~5th Week) | 074 |

6th Week

DAY 026	I used to ~.	078
DAY 027	I can't stop -ing ~.	079
DAY 028	It's worth -ing ~.	080
DAY 029	I'm in the middle of -ing ~.	081
DAY 030	It doesn't hurt to ~.	082
◆ get 구동사		084

7th Week

DAY 031	I can't help -ing ~.	090
DAY 032	You're not allowed to ~.	091
DAY 033	Is it okay if I ~?	092
DAY 034	I never thought I would ~.	093
DAY 035	When was the last time ~?	094
◆ turn 구동사		096

8th Week

DAY 036	I'm used to -ing ~.	102
DAY 037	Is there any chance ~?	103
DAY 038	It doesn't matter if ~.	104
DAY 039	I'm willing to ~.	105
DAY 040	Don't bother to ~.	106
◆ bring 구동사		108

9th Week

DAY 041	I made my best effort to ~.	114
DAY 042	I managed to ~.	115
DAY 043	I was wondering if you could ~.	116
DAY 044	I was thinking about -ing ~.	117
DAY 045	I can't thank you enough for ~.	118
◆ keep 구동사		120

10th Week

DAY 046	How long does it take to ~?	126
DAY 047	How come you ~?	127
DAY 048	I'm sure that ~.	128
DAY 049	Don't forget that ~.	129
DAY 050	It's been a long time since ~.	130
◆ fall 구동사		132

| ◆ 곤쌤의 영어 꿀팁 | 137 |
| ◆ Review 2 (6th~10th Week) | 138 |

11th Week

DAY 051	I have a feeling that ~.	142
DAY 052	It's a shame that ~.	143
DAY 053	There's no excuse for -ing ~.	144
DAY 054	I'm embarrassed that ~.	145
DAY 055	What's worse is that ~.	146
◆ come 구동사		148

12th Week

DAY 056	All I know is that ~.	154
DAY 057	I have no doubt that ~.	155
DAY 058	What I'm saying is that ~.	156
DAY 059	There's no need to ~.	157
DAY 060	Let's say that ~.	158
◆ break 구동사		160

13th Week

DAY 061	If only I could ~.	166
DAY 062	Feel free to ~.	167
DAY 063	I didn't expect to ~.	168
DAY 064	What if ~?	169
DAY 065	What's the harm in -ing ~?	170
◆ cut 구동사		172

14th Week

DAY 066	What do you say we ~?	178
DAY 067	Can you help me ~?	179
DAY 068	It bothers me that ~.	180
DAY 069	It's not like you ~.	181
DAY 070	How dare you ~!	182
◆ stand 구동사		184

15th Week

DAY 071	I'm itching to ~.	190
DAY 072	I'm telling you, ~.	191
DAY 073	I can't bring myself to ~.	192
DAY 074	I was wrong to ~.	193
DAY 075	You have every right to ~.	194
◆ hang 구동사		196

| ◆ 곤쌤의 영어 꿀팁 | | 201 |
| ◆ Review 3 (11th~15th Week) | | 202 |

16th Week

DAY 076	Why would I ~?	206
DAY 077	I just found out that ~.	207
DAY 078	I'd appreciate it if you could ~.	208
DAY 079	It's my job to ~.	209
DAY 080	All you have to do is ~.	210
◆ run 구동사		212

17th Week

DAY 081	I should have p.p. ~.	218
DAY 082	Do you happen to know if ~?	219
DAY 083	I doubt that ~.	220
DAY 084	There's no reason to ~.	221
DAY 085	It's your turn to ~.	222
◆ carry 구동사		224

18th Week

DAY 086	I'd rather die than ~.	230
DAY 087	I'm having a hard time -ing ~.	231
DAY 088	I'm relieved that ~.	232
DAY 089	I have no choice but to ~.	233
DAY 090	I'll do anything but ~.	234
◆ blow 구동사		236

19th Week

DAY 091	It takes a while to ~.	242
DAY 092	I hope you ~.	243
DAY 093	I happened to ~.	244
DAY 094	I regret that I ~.	245
DAY 095	I'm so ashamed that ~.	246
◆ pull 구동사		248

20th Week

DAY 096	I must admit that ~.	254
DAY 097	I stayed up all night -ing ~.	255
DAY 098	What a surprise to ~!	256
DAY 099	It is said that ~.	257
DAY 100	I feel like -ing ~.	258
◆ work 구동사		260

| ◆ 곤쌤의 영어 꿀팁 | 265 |
| ◆ Review 4 (16th~20th Week) | 266 |

| ANSWERS (정답) | 270 |

1st WEEK

DAY 001 **Have you ever p.p. ~?**

DAY 002 **It's difficult to ~.**

DAY 003 **It seems that ~.**

DAY 004 **How long have you p.p. ~?**

DAY 005 **I wish + 주어 + 과거 동사 ~.**

D A Y
001
Have you ever p.p. ~?
~해 본 적 있어요?

무엇을 먹어 봤는지, 어디에 가 봤는지, 누구를 만나 봤는지 등 어떤 경험을 해 봤는지 물어볼 때 쓸 수 있는 패턴입니다. 사실 ever를 빼고 써도 되지만, ever를 붙이면 '한 번이라도', '평생 동안' 무엇을 해 본 적 있냐고 강조하는 느낌을 더해 줄 수 있어요.

001.MP3

Listen & Repeat

잘 듣고 큰 소리로 따라 말해 보세요.

Have you ever met him?
그를 만나 본 적 있니?

Have you ever been to New York?
뉴욕에 가 본 적 있어? ★ have been to ~에 가 보다 (go to 아님)

Have you ever heard about that?
그것에 대해 들어 본 적 있어요?

Have you ever tried Korean food?
한국 음식 먹어 **봤어요**?

Have you ever used this machine before?
이 기계를 전에 써 본 적 있나요?

Speak & Write

주어진 우리말 문장을 영어로 말하고 써 보세요.

❶ 한국 음식 먹어 봤어요?
_____ you ever _____ Korean _____?

❷ 그를 만나 본 적 있니?
_____ you ever _____ him?

❸ 뉴욕에 가 본 적 있어?
Have you _____ _____ _____ New York?

❹ 이 기계를 전에 써 본 적 있나요?
Have you ever _____ this _____ _____?

❺ 그것에 대해 들어 본 적 있어요?
_____ you ever _____ _____ that?

D A Y 002

It's difficult to ~.

~하는 게 어려워요.

무언가를 하기 어렵거나 어떤 일을 하기 곤란한 상황을 말할 때 쓸 수 있는 패턴이에요. 반대로 무언가를 하기 쉬울 때는 It's easy to... 패턴을 쓰면 됩니다.

002.MP3

Listen & Repeat

잘 듣고 큰 소리로 따라 말해 보세요.

☐ **It's difficult to get a new job.**
새 직장을 구하기 어려워요.

☐ **It's difficult to reject her proposal.**
그녀의 제안을 거절하는 게 어렵네요. ★ proposal 제안, 제의

☐ **It's difficult to buy a house in Korea.**
한국에서 집 사는 건 어려워.

☐ **It's difficult to meet the deadline.**
마감일을 지키는 것이 어려워요. ★ deadline 마감일, 마감기한

☐ **It's difficult to live in a foreign country.**
외국에서 사는 것은 어려워요.

Speak & Write

주어진 우리말 문장을 영어로 말하고 써 보세요.

❶ 마감일을 지키는 것이 어려워요.
It's _____ to _____ the _____.

❷ 한국에서 집 사는 건 어려워.
It's difficult _____ buy a _____ in _____.

❸ 외국에서 사는 것은 어려워요.
_____ difficult to _____ in a _____ _____.

❹ 그녀의 제안을 거절하는 게 어렵네요.
It's _____ _____ _____ her _____.

❺ 새 직장을 구하기 어려워요.
It's difficult to _____ a _____ _____.

15

DAY 003

It seems that ~.

~인 것처럼 보여요. / ~인 것 같아요.

어떤 행동이나 상태에 대해 추측하거나 불확실한 단정을 나타낼 때 쓰는 패턴이에요. 맨 앞의 it은 가주어이니 해석하지 않아도 됩니다. that 뒤에는 '주어 + 동사' 형태가 오는데, It seems like + 주어 + 동사. 형태로도 많이 쓰죠.

003.MP3

Listen & Repeat

잘 듣고 큰 소리로 따라 말해 보세요.

☐ **It seems that** she is tired.
그녀는 피곤한 것처럼 보여.

☐ **It seems that** he likes me.
그가 날 좋아하는 것 같아.

☐ **It seems that** they are busy today.
그들은 오늘 바쁜 것처럼 보여요.

☐ **It seems that** you need some rest.
당신은 휴식이 좀 필요한 것처럼 보여요.

☐ **It seems that** it's going to rain soon.
곧 비가 올 것 같아요.

Speak & Write

주어진 우리말 문장을 영어로 말하고 써 보세요.

❶ 그가 날 좋아하는 것 같아.
It _____ _____ he likes _____.

❷ 곧 비가 올 것 같아요.
_____ seems that it's _____ to _____ soon.

❸ 그들은 오늘 바쁜 것처럼 보여요.
It seems _____ they are _____ _____.

❹ 그녀는 피곤한 것처럼 보여.
_____ _____ _____ she is _____.

❺ 당신은 휴식이 좀 필요한 것처럼 보여요.
It _____ that you _____ some _____.

16

D A Y
004

How long have you p.p. ~?
~한 지 얼마나 됐나요?

상대방이 무언가를 얼마나 오랫동안 해 왔는지 물어볼 때 쓰는 패턴입니다. 현재까지도 활발하게 진행 중인 행동을 강조하고 싶을 때는 현재완료 진행형을 써서 How long have you been –ing? 형태로 물어보세요.

004.MP3

Listen & Repeat

잘 듣고 큰 소리로 따라 말해 보세요.

☐ **How long have you gone out?**
너희 사귄 **지 얼마나 됐어?**   ★ go out (남녀가) 사귀다

☐ **How long have you been married?**
결혼한 **지 얼마나 되셨어요?**

☐ **How long have you traveled in Korea?**
한국을 여행한 **지 얼마나 되었나요?**

☐ **How long have you worked here?**
여기서 일한 **지 얼마나 되셨나요?**

☐ **How long have you waited for the bus?**
버스를 기다린 **지 얼마나 됐나요?**

Speak & Write

주어진 우리말 문장을 영어로 말하고 써 보세요.

❶ 한국을 여행한 지 얼마나 되었나요?
_____ long have you _____ in _____?

❷ 너희 사귄 지 얼마나 됐어?
How _____ have you _____ _____?

❸ 버스를 기다린 지 얼마나 됐나요?
_____ _____ have you _____ _____ the bus?

❹ 결혼한 지 얼마나 되셨어요?
How long _____ you _____ _____?

❺ 여기서 일한 지 얼마나 되셨나요?
_____ long _____ you _____ _____?

I wish + 주어 + 과거동사 ~.

~라면 좋을 텐데.

실현 불가능한 상황에 대해 '~했으면 좋겠다'라고 가정할 때 쓰는 말이에요. 이때 주어 다음에는 꼭 '과거동사'를 써야 합니다. 예전에는 be동사의 과거형은 문법적으로 were만 써야 하는 규칙이 있었지만, 최근에는 was와 were 둘 다 사용 가능하니 참고하세요.

005.MP3

Listen & Repeat

잘 듣고 큰 소리로 따라 말해 보세요.

☐ **I wish** I bought a new car.
내가 새 차를 사면 좋을 텐데.

☐ **I wish** I lived with my family.
내가 우리 가족과 함께 살면 좋겠어.

☐ **I wish** we had a lot of money.
우리가 돈이 많으면 좋을 텐데.

☐ **I wish** I were[was] in my 20s.
내가 20대라면 좋을 텐데. ★ in one's twenties 20대인

☐ **I wish** it were[was] Saturday today.
오늘이 토요일이면 좋겠어요.

Speak & Write

주어진 우리말 문장을 영어로 말하고 써 보세요.

❶ 우리가 돈이 많으면 좋을 텐데.
I wish we _____ a _____ of _____ .

❷ 오늘이 토요일이면 좋겠어요.
I _____ it _____ _____ today.

❸ 내가 20대라면 좋을 텐데.
I wish I _____ in _____ _____ .

❹ 내가 새 차를 사면 좋을 텐데.
I _____ I _____ a _____ _____ .

❺ 내가 우리 가족과 함께 살면 좋겠어.
I wish I _____ _____ my _____ .

▶ 다음 문장을 주어진 패턴을 활용해 영어로 바꿔 말해 보세요.

I live in Seoul.

나는 서울에 살아요.

1 그들은 서울에 사는 것처럼 보여요. **It seems that**

....

2 서울에서 살아 본 적 있어요? **Have you ever p.p.**

....

3 서울에 사신 지 얼마나 됐나요? **How long have you p.p.**

....

4 내가 서울에 살면 좋겠어요. **I wish**

....

5 서울에서 사는 게 어렵네요. **It's difficult to**

....

정답 1 It seems that they live in Seoul.   2 Have you ever lived in Seoul?
3 How long have you lived in Seoul?   4 I wish I lived in Seoul.   5 It's difficult to live in Seoul.

look 구동사

 look은 '보다, 바라보다'라는 뜻을 가진 동사입니다. **look after**는 '뒤에서 (after) 보다(look)'인데, 즉 '돌보다'라는 의미입니다. 부모가 아이를 보살필 때 뒤에서 살펴보는 모습과 의미가 잘 연결되죠? **look into**는 '안쪽으로(into) 들여다보다 (look)'이므로 뭔가를 안쪽까지 면밀히 들여다보는 것, 즉 '조사하다, 알아보다'라는 의미가 되죠. **look out**은 '밖을(out) 보다(look)'란 의미에서 확장되어 위험한 상황에서 '조심하다'라는 뜻으로 쓰입니다. 특히 특정 대상을 조심하라는 의미로는 **look out for**를 쓰죠. 한편 **look for**는 '(대상을) 찾다'라는 뜻인데, 사전이나 신문 등에서 '(정보를) 찾아보다'라는 의미로는 **look up**을 씁니다. **look up**은 '올려다(up) 보다(look)'니까 **look up to**는 '(사람을) 존경하다'라는 의미도 됩니다. 반대로 **look down on**은 '아래로(down) 보다(look)'니까 '(사람을) 깔보다'란 뜻이죠. 마지막으로 **look back**은 '뒤를(back) 보다 (look)'란 말 그대로 과거를 '회상하다, 되돌아보다'라는 뜻입니다.

STEP 1 **Listen & Repeat** 잘 듣고 따라 말해 보세요. ▶ 007.MP3

look after 돌보다, 보살피다	**I have to look after my son.** 나는 내 아들을 **돌봐야** 합니다.
look into 조사하다, 알아보다	**We'll look into the problem.** 우리는 그 문제를 **조사할** 겁니다.
look out 조심하다 (for)	**Look out for dogs.** 개들을 **조심하세요.**
look up (책·신문에서 정보를) 찾아보다	**Look up that word in the dictionary.** 그 단어를 사전에서 **찾아봐.**
look back (과거를) 되돌아보다 (on)	**Don't look back on the past.** 과거를 **되돌아보지** 마세요.

STEP 2 **Fill in the blanks** 주어진 우리말 문장을 영어로 써 보세요.

1 개들을 조심하세요.

　　　　　　　　　　 for dogs.

2 그 단어를 사전에서 찾아봐.

　　　　　　　　　　 that word in the dictionary.

3 나는 내 아들을 돌봐야 합니다.

I have to 　　　　　　　 my son.

4 과거를 되돌아보지 마세요.

Don't 　　　　　　　 on the past.

5 우리는 그 문제를 조사할 겁니다.

We'll 　　　　　　　 the problem.

STEP 3 **Speak & Write** 주어진 우리말 문장을 영어로 바꿔 말하고 써 보세요.　▶ 008.MP3

★ 정답 270쪽

1 차들을 조심하세요.

_____

2 그 단어를 인터넷에서 찾아봐. (on)

_____

3 나는 내 부모님을 돌봐야 합니다.

_____

4 당신의 어린 시절을 되돌아보지 마세요. (childhood)

_____

5 우리는 그 서류를 조사할 겁니다. (document)

_____

Exercise 1

▶ 앞에서 배운 문장을 활용해 다음 대화를 완성해 보세요.

1

A

여기서 일한 지 얼마나 되셨나요?

B I've worked here for 2 years. I'm so happy to work here.

2년 동안 여기서 일했어요. 여기서 일해서 아주 행복해요.

2

A I've never heard of that word. What does it mean?

난 그 단어를 들어 본 적이 없어. 그게 무슨 뜻이지?

B

그 단어를 사전에서 찾아봐.

3

A Where should we go for vacation?

휴가로 어디를 가야 할까?

B Let's see.

어디 보자. 너 뉴욕에 가 본 적 있니?

4

A Nobody cares about the problem!

아무도 그 문제에 대해 신경 쓰지 않아요!

B Don't worry.

걱정 마세요. 우리가 그 문제를 조사할게요.

5

A Why don't we go on a trip this weekend?

이번 주말에 여행 가는 거 어때요?

B I can't.

전 못 가요. 제 아들을 돌봐야 하거든요.

6

A Is he still interested in you?

걔가 여전히 너한테 관심 있니?

B I guess so.

그런 것 같아. 걔가 날 좋아하는 것 같아.

7

A Time flies! We turned 40 this year!

시간 참 빠르네! 우리 올해 마흔이 돼!

B I can't believe it.

믿을 수가 없네. 내가 20대라면 좋을 텐데.

8

A I made a lot of mistakes. How stupid I was!

내가 실수를 많이 했네. 나 정말 바보 같았어!

B Stop it.

그만해. 과거를 되돌아보지 마.

009.MP3

★ MP3 파일을 듣고 대화를 따라 말해 보세요.

Exercise 2

★ 정답 270쪽

▶ 패턴과 구동사를 조합해 다음 문장을 말해 보세요.

1 당신의 아버지를 돌본 지 얼마나 되셨나요?
How long have you p.p. + look after

2 그 사안을 조사하는 게 어려워요. (issue)
It's difficult to + look into

3 그녀가 개들을 조심하면 좋을 텐데.
I wish + look out

4 그가 그 단어를 사전에서 찾아본 것 같아.
It seems that + look up

5 당신의 인생을 되돌아본 적 있나요?
Have you ever p.p. + look back

010.MP3

★ MP3 파일을 듣고 문장을 따라 말해 보세요.

2nd WEEK

DAY 006 **I'm dying to ~.**

DAY 007 **I want you to ~.**

DAY 008 **You'd better ~.**

DAY 009 **There's no way ~.**

DAY 010 **This is the first time I've p.p. ~.**

DAY 006

I'm dying to ~.
~하고 싶어 죽겠어요.

우리가 무언가를 간절히 하고 싶을 때 '~하고 싶어 죽겠어요'라고 말하듯, 영어에도 비슷한 표현이 있습니다. 바로 I'm dying to... 패턴이죠. 어떤 일이 하고 싶을 때 항상 I want to...만 쓰는 것이 식상했다면 이 표현으로 바꿔 말해 보세요. 참고로 I'm dying for + 명사. 형태로도 쓸 수 있어요.

011.MP3

Listen & Repeat

잘 듣고 큰 소리로 따라 말해 보세요.

☐ **I'm dying to see you.**
널 보고 싶어 죽겠어.

☐ **I'm dying to go to Paris.**
파리에 가고 싶어 죽겠어요.

☐ **I'm dying to buy the shoes.**
그 신발 사고 싶어 죽겠어요.

☐ **I'm dying to go home now.**
지금 집에 가고 싶어 죽겠어요.

☐ **I'm dying to eat fried chicken.**
프라이드 치킨 먹고 싶어 죽겠어요. ★ fried 기름에 튀긴

Speak & Write

주어진 우리말 문장을 영어로 말하고 써 보세요.

❶ 지금 집에 가고 싶어 죽겠어요.
I'm _____ _____ go _____ now.

❷ 파리에 가고 싶어 죽겠어요.
I'm dying _____ _____ _____ Paris.

❸ 프라이드 치킨 먹고 싶어 죽겠어요.
_____ _____ to _____ fried _____.

❹ 널 보고 싶어 죽겠어.
I'm dying _____ _____ _____.

❺ 그 신발 사고 싶어 죽겠어요.
I'm _____ _____ _____ the _____.

007

I want you to ~.

당신이 ~하길 원해요.

I want to...는 내가 무언가를 하길 원할 때 쓰지만, I want you to...는 상대방이 어떠한 행동을 하길 원할 때 쓰는 패턴입니다. you 자리에 him이나 her 등 다른 대상을 넣으면 다른 사람에게 내가 원하는 바를 말할 수도 있습니다.

012.MP3

Listen & Repeat

잘 듣고 큰 소리로 따라 말해 보세요.

☐ **I want you to be happy.**
네가 행복하길 원해.

☐ **I want you to trust me.**
당신이 저를 신뢰하길 원해요.

☐ **I want you to meet my boss.**
당신이 제 상사를 만나길 원해요.

☐ **I want you to work hard.**
당신이 열심히 일하길 원해요.

☐ **I want you to help me with my homework.**
네가 내 숙제를 도와주길 원해.

Speak & Write

주어진 우리말 문장을 영어로 말하고 써 보세요.

❶ 당신이 저를 신뢰하길 원해요.
I _____ you to _____ _____.

❷ 당신이 제 상사를 만나길 원해요.
I want _____ _____ _____ my _____.

❸ 네가 행복하길 원해.
I want _____ to _____ _____.

❹ 네가 내 숙제를 도와주길 원해.
I _____ you to _____ me _____ my _____.

❺ 당신이 열심히 일하길 원해요.
I want you _____ _____ _____.

008

You'd better ~.
당신은 ~하는 게 좋겠어요.

상대방에게 어떠한 행동을 하라고 강력히 권고할 때 쓰는 패턴입니다. 그래서 보통 친한 사이에서 주로 사용합니다. You'd better는 You had better의 줄임말인데, 형태는 과거시제지만 실제로는 미래에 어떤 일을 해야 한다는 뜻이에요. had better 다음에는 to를 쓰지 않고 동사원형을 쓴다는 점에 주의하세요.

013.MP3

Listen & Repeat

잘 듣고 큰 소리로 따라 말해 보세요.

☐ **You'd better go to work.**
당신은 출근하는 게 좋겠어요.

☐ **You'd better quit drinking.**
당신은 술을 끊는 게 좋겠어요. ★ quit -ing ~하는 것을 그만두다

☐ **You'd better hurry up.**
당신은 서두르는 게 좋겠어요.

☐ **You'd better get some sleep.**
넌 잠 좀 자는 게 좋겠어.

☐ **You'd better tell her the truth.**
넌 그녀에게 사실대로 말하는 게 좋겠어.

주어진 우리말 문장을 영어로 말하고 써 보세요.

Speak & Write

❶ 당신은 서두르는 게 좋겠어요.
You'd better _____ _____.

❷ 당신은 술을 끊는 게 좋겠어요.
You'd _____ _____ drinking.

❸ 넌 잠 좀 자는 게 좋겠어.
You'd better _____ _____ _____.

❹ 넌 그녀에게 사실대로 말하는 게 좋겠어.
_____ better _____ _____ the _____.

❺ 당신은 출근하는 게 좋겠어요.
You'd _____ _____ to _____.

There's no way ~.

~일 리가 없어요.

어떠한 사실이나 상황에 대해 강력하게 부정할 때 쓰는 패턴입니다. There's no way that...의 형태인데, that은 생략 가능하므로 뒤에는 '주어 + 동사'를 넣어서 말하면 됩니다. '~할 방법이 없어요'라는 의미로도 쓰일 수 있으니 참고하세요.

014.MP3

Listen & Repeat

잘 듣고 큰 소리로 따라 말해 보세요.

☐ **There's no way** they will marry.
그들이 결혼할 리가 없어.

☐ **There's no way** she emailed me.
그녀가 내게 이메일을 보냈을 리가 없어. ★ email ~에게 이메일을 보내다

☐ **There's no way** that will happen.
그런 일이 일어날 리 없어요.

☐ **There's no way** he can come here.
그가 여기에 올 수 있을 리가 없어요.

☐ **There's no way** she accepted your apology.
그녀가 당신의 사과를 받아줬을 리가 없어요. ★ apology 사과, 사죄

Speak & Write

주어진 우리말 문장을 영어로 말하고 써 보세요.

❶ 그녀가 당신의 사과를 받아줬을 리가 없어요.
_____ no way she _____ your _____.

❷ 그녀가 내게 이메일을 보냈을 리가 없어.
There's no _____ she _____ me.

❸ 그들이 결혼할 리가 없어.
There's _____ _____ they will _____.

❹ 그런 일이 일어날 리 없어요.
There's _____ way _____ will _____.

❺ 그가 여기에 올 수 있을 리가 없어요.
_____ _____ _____ he _____ come here.

This is the first time
I've p.p. ~.

~하는 건 이번이 처음이에요.

어떠한 행동을 처음으로 해 보거나 도전해 볼 때 쓰는 패턴입니다. 이때 first time 뒤에는 to부정사를 쓰지 않고 현재완료시제(have p.p.)를 써야 한다는 거 잊지 마세요. 간단하게 This is the first time -ing 형태로 말해도 좋습니다.

015.MP3

Listen & Repeat

잘 듣고 큰 소리로 따라 말해 보세요.

☐ **This is the first time I've eaten this.**
이거 먹어 보는 건 이번이 처음이야.

☐ **This is the first time I've been here.**
여기 난생처음으로 오는 거야.

☐ **This is the first time I've met his parents.**
이번에 처음으로 그의 부모님을 만나 봬요.

☐ **This is the first time I've traveled abroad.**
태어나서 처음으로 해외 여행 가는 거예요.

☐ **This is the first time I've worked with my friends.**
내 친구들과 함께 일하는 건 이번이 처음이에요.

Speak & Write

주어진 우리말 문장을 영어로 말하고 써 보세요.

❶ 태어나서 처음으로 해외 여행 가는 거예요.
_____ is the first time I've _____ _____.

❷ 이거 먹어 보는 건 이번이 처음이야.
This is the _____ _____ I've _____ this.

❸ 여기 난생처음으로 오는 거야.
This is the _____ _____ I've _____ _____.

❹ 내 친구들과 함께 일하는 건 이번이 처음이에요.
This is the _____ time I've _____ with my _____.

❺ 이번에 처음으로 그의 부모님을 만나 봬요.
_____ is the first time _____ _____ his parents.

▶ 다음 문장을 주어진 패턴을 활용해 영어로 바꿔 말해 보세요.

I drink coffee.
나는 커피를 마셔요.

1 커피를 마셔 보는 건 이번이 처음이에요.
This is the first time I've p.p.

....

2 당신은 커피를 마시는 게 좋겠어요. **You'd better**

....

3 그가 커피를 마실 리 없어요. **There's no way**

....

4 커피 마시고 싶어 죽겠어요. **I'm dying to**

....

5 당신이 커피를 마시길 원해요. **I want you to**

....

정답 1 This is the first time I've drunk coffee. 2 You'd better drink coffee.
3 There's no way he drinks coffee. 4 I'm dying to drink coffee. 5 I want you to drink coffee.

put 구동사

 동사 **put**의 기본적인 의미는 '놓다, 두다'입니다. **put off**는 '떨어뜨려(off) 놓다(put)'입니다. 하기로 한 일을 원래 일정에서 잠시 떨어뜨려 놓는 것은 '미루다, 연기하다'라는 의미이죠. **put out**은 '밖으로(out) 놓다(put)'인데, 불이 났을 때 밖으로 불을 내놓는다고 생각해 보세요. '(불을) 끄다'라는 의미로 자연스럽게 확장되죠? **put back**은 '되돌려(back) 놓다(put)'니까 말 그대로 어떤 물건을 원래 자리로 되돌려 놓는 것을 뜻합니다. 즉 '제자리에 가져다 놓다'란 뜻이 되죠. 한편 **put aside**는 '한쪽으로 (aside) 놓다(put)'입니다. 나중에 쓸 수 있도록 돈을 한쪽으로 치워 놓는 이미지를 떠올려 보면 '(돈을) 따로 모아두다, 저축하다'라는 의미가 쉽게 이해되실 거예요. 마지막으로 **put together**는 '함께(together) 놓다(put)'로, 여러 부품을 함께 모아서 가구나 기계를 '조립하다'라는 의미로 쓰입니다.

STEP 1 **Listen & Repeat** 잘 듣고 따라 말해 보세요. ▶ 017.MP3

put off 미루다, 연기하다	**We will put off the meeting.** 우리는 회의를 **연기할** 겁니다.
put out (불·등불을) 끄다	**They put out the fire.** 그들이 불을 **껐어요.**
put back 제자리에 가져다 놓다	**Don't forget to put it back.** 그걸 **제자리에 가져다 놓는** 걸 잊지 마.
put aside (돈을) 따로 모아두다, 저축하다	**My parents put aside some money.** 우리 부모님은 돈을 좀 **저축하셨어요.**
put together (가구·기계를) 조립하다	**I put together this table.** 내가 이 테이블을 **조립했어.**

STEP 2 Fill in the blanks 주어진 우리말 문장을 영어로 써 보세요.

1 내가 이 테이블을 조립했어.

I　　　　　　　　　　　　　　　this table.

2 우리는 회의를 연기할 겁니다.

We will　　　　　　　　　　　the meeting.

3 우리 부모님은 돈을 좀 저축하셨어요.

My parents　　　　　　　　　　some money.

4 그들이 불을 껐어요.

They　　　　　　　　　　the fire.

5 그걸 제자리에 가져다 놓는 걸 잊지 마.

Don't forget to　　　　　it　　　　　.

STEP 3 Speak & Write 주어진 우리말 문장을 영어로 바꿔 말하고 써 보세요. ▶ 018.MP3
★ 정답 270쪽

1 이 책을 제자리에 가져다 놓는 걸 잊지 마.

_____

2 우리 부모님은 백만 달러를 저축하셨어요. (million)

_____

3 내가 이 의자를 조립했어.

_____

4 우리는 결혼식을 연기할 겁니다. (wedding)

_____

5 그들이 그 램프를 껐어요.

_____

Exercise 1

▶ 앞에서 배운 문장을 활용해 다음 대화를 완성해 보세요.

1
A Wow! The table looks great!
와! 그 테이블 멋져 보여!

B Thank you.
고마워. 내가 이 테이블을 조립했어.

2
A Are you excited to go to America?
미국 가니까 흥분되세요?

B Sure!
물론이죠! 해외 여행 가는 게 이번이 처음이에요.

3
A Did your parents buy a new car?
너희 부모님께서 새 차를 사셨니?

B Yes.
응. 우리 부모님이 돈을 좀 저축하셨거든.

4
A What do you want to eat tonight?
오늘 저녁에 뭐 먹고 싶니?

B
나 프라이드 치킨 먹고 싶어 죽겠어.

5

A **Can I use your pen?**

네 펜을 써도 될까?

B **Of course.**

물론이지. 그걸 제자리에 가져다 놓는 걸 잊지 마.

6

A **Is it true that Paul and Jane will marry?**

폴이랑 제인이 결혼할 거라는 게 사실이야?

B **I don't think so.**

난 그렇게 생각하지 않아. 걔들이 결혼할 리가 없어.

7

A **I had a terrible hangover this morning.**

오늘 아침에 숙취가 엄청 심했어.

B **Again?**

또? 너 술 끊는 게 좋겠다.

8

A **Will you attend the meeting today?**

오늘 회의에 참석하실 건가요?

B **No.**

아뇨. 우리는 회의를 연기할 겁니다.

019.MP3

★ MP3 파일을 듣고 대화를 따라 말해 보세요.

Exercise 2

★ 정답 271쪽

▶ 패턴과 구동사를 조합해 다음 문장을 말해 보세요.

1
넌 파티를 미루는 게 좋겠어.
You'd better + **put off**

2
저는 당신이 조명을 끄길 원해요. (light)
I want you to + **put out**

3
그가 그 펜을 제자리에 가져다 놓을 리 없어요.
There's no way + **put back**

4
많은 돈을 저축하는 건 이번이 처음이에요.
This is the first time I've p.p. + **put aside**

5
이 책장을 조립하고 싶어 죽겠어. (bookshelf)
I'm dying to + **put together**

020.MP3

★ MP3 파일을 듣고 문장을 따라 말해 보세요.

3rd WEEK

DAY 011   **I'm not in the mood for ~.**

DAY 012   **I was just about to ~.**

DAY 013   **I knew you'd ~.**

DAY 014   **You must have p.p. ~.**

DAY 015   **I told you to ~.**

I'm not in the mood for ~.

~할 기분이 아니에요.

항상 습관처럼 하던 일이 오늘따라 괜히 하기 싫을 때 쓸 수 있는 패턴입니다. 여기서 mood는 '기분'을 의미하죠. for 다음에는 명사 또는 동명사(-ing)를 넣어서 말합니다.

021.MP3

Listen & Repeat

잘 듣고 큰 소리로 따라 말해 보세요.

I'm not in the mood for jokes.
농담할 **기분 아냐.** ★ joke 농담

I'm not in the mood for coffee today.
오늘은 커피 마실 **기분이 아니야.**

I'm not in the mood for eating out.
외식할 **기분이 아니에요.** ★ eat out 외식하다

I'm not in the mood for shopping.
쇼핑할 **기분이 아니에요.**

I'm not in the mood for going camping.
캠핑 갈 **기분이 아니에요.**

Speak & Write

주어진 우리말 문장을 영어로 말하고 써 보세요.

❶ 외식할 기분이 아니에요.
I'm not in the _____ for _____ _____.

❷ 캠핑 갈 기분이 아니에요.
I'm not _____ the _____ for going _____.

❸ 농담할 기분 아냐.
I'm _____ _____ the mood for _____.

❹ 오늘은 커피 마실 기분이 아니야.
I'm not in the _____ _____ _____ today.

❺ 쇼핑할 기분이 아니에요.
_____ not in the _____ _____ _____.

DAY 012

I was just about to ~.

막 ~하려던 참이었어요.

어떠한 행동을 하기 직전의 상황에서 쓰는 패턴입니다. be about to는 '막 ~하려는 참이다'라는 뜻이죠. just 없이 I was about to...라고만 해도 되지만, just가 들어가면 '막, 방금'이라는 의미를 좀 더 강조할 수 있어요.

022.MP3

Listen & Repeat

잘 듣고 큰 소리로 따라 말해 보세요.

☐ **I was just about to leave.**
막 떠나려던 참이었어.

☐ **I was just about to have lunch.**
점심을 막 먹으려던 참이었어요.

☐ **I was just about to order coffee.**
커피를 막 주문하려던 참이었어요.

☐ **I was just about to call you.**
너한테 막 전화하려던 참이었어.

☐ **I was just about to go to the movies.**
막 영화 보러 가려던 참이었어요.   ★ go to the movies 영화 보러 가다

Speak & Write

주어진 우리말 문장을 영어로 말하고 써 보세요.

❶ 너한테 막 전화하려던 참이었어.
I was just _____ to _____ _____.

❷ 점심을 막 먹으려던 참이었어요.
I was just about _____ _____ _____.

❸ 막 영화 보러 가려던 참이었어요.
I _____ just about to _____ _____ the _____.

❹ 막 떠나려던 참이었어.
I was _____ _____ to _____.

❺ 커피를 막 주문하려던 참이었어요.
I was _____ about to _____ _____.

013 I knew you'd ~.

당신이 ~할 줄 알고 있었어요.

상대가 어떠한 행동을 할지 미리 알았다고 할 때 쓸 수 있는 패턴입니다. 여기서 you'd는 you had가 아니라 you would의 줄임말이니 주의하세요. would가 조동사이므로 뒤에는 당연히 동사원형을 써야겠죠?

023.MP3

Listen & Repeat

잘 듣고 큰 소리로 따라 말해 보세요.

☐ **I knew you'd hate him.**
네가 그를 싫어할 줄 알고 있었어.

☐ **I knew you'd give up.**
네가 포기할 줄 알고 있었어.　★ give up 포기하다

☐ **I knew you'd pass the test.**
당신이 그 시험에 합격할 줄 알고 있었어요.

☐ **I knew you'd need my help.**
당신이 내 도움을 필요로 할 거란 걸 알고 있었어요.

☐ **I knew you'd forget my birthday.**
당신이 내 생일을 까먹을 줄 알고 있었어요.

Speak & Write

주어진 우리말 문장을 영어로 말하고 써 보세요.

❶ 당신이 내 도움을 필요로 할 거란 걸 알고 있었어요.
I knew you'd _____ _____ _____.

❷ 네가 그를 싫어할 줄 알고 있었어.
I knew _____ _____ him.

❸ 당신이 그 시험에 합격할 줄 알고 있었어요.
I _____ you'd _____ the _____.

❹ 당신이 내 생일을 까먹을 줄 알고 있었어요.
I knew _____ _____ my _____.

❺ 네가 포기할 줄 알고 있었어.
I knew _____ _____ _____.

You must have p.p. ~.

당신은 틀림없이 ~했었을 거예요.

상대방의 과거 행동이나 상태에 대해 강한 확신을 가지고 추측할 때 쓰는 패턴입니다. 조동사 must에 현재완료시제(have p.p.)가 결합된 형태이죠. 실제 대화에서는 must have를 must've[머스트브]라고 줄여서 말하는 경우가 많으니 주의하세요.

024.MP3

Listen & Repeat

잘 듣고 큰 소리로 따라 말해 보세요.

☐ **You must have** been angry.
넌 **틀림없이** 화가 났을 거야.

☐ **You must have** been tired.
당신은 **틀림없이** 피곤했을 거예요.

☐ **You must have** lived in America.
당신은 **틀림없이** 미국에서 살았을 거예요.

☐ **You must have** studied abroad.
당신은 해외에서 공부한 게 **틀림없어요**.

☐ **You must have** come up with a good idea.
당신은 **틀림없이** 좋은 아이디어를 생각해 냈을 **거예요**. ★ come up with (아이디어를) 생각해 내다

Speak & Write

주어진 우리말 문장을 영어로 말하고 써 보세요.

❶ 당신은 틀림없이 피곤했을 거예요.
You must _____ _____ _____.

❷ 넌 틀림없이 화가 났을 거야.
You _____ _____ _____ angry.

❸ 당신은 틀림없이 미국에서 살았을 거예요.
_____ must have _____ _____ America.

❹ 당신은 틀림없이 좋은 아이디어를 생각해 냈을 거예요.
You _____ have _____ _____ _____ a good idea.

❺ 당신은 해외에서 공부한 게 틀림없어요.
_____ must have _____ _____.

DAY 015
I told you to ~.

내가 ~하라고 말했잖아요.

내가 분명히 하라고 말했는데 상대방이 내 말을 듣지 않고 안 했을 때 쓸 수 있는 패턴입니다. 약간 짜증이 섞인 표현이라고 볼 수 있죠. 반대로 '내가 ~하지 말라고 말했잖아요'라고 할 때는 I told you not to...로 말하면 됩니다.

025.MP3

Listen & Repeat

잘 듣고 큰 소리로 따라 말해 보세요.

☐ **I told you to lock the door.**
내가 문을 잠그라고 말했잖아.

☐ **I told you to wait for a while.**
내가 잠시만 기다리라고 말했잖아.

☐ **I told you to mop the floor.**
내가 바닥을 걸레질하라고 했잖아요. ★ mop 대걸레로 닦다

☐ **I told you to be there on time.**
내가 제시간에 거기 도착하라고 말했잖아요. ★ on time 제시간에

☐ **I told you to wash the dishes yesterday.**
내가 어제 설거지하라고 말했잖아요.

Speak & Write

주어진 우리말 문장을 영어로 말하고 써 보세요.

❶ 내가 제시간에 거기 도착하라고 말했잖아요.
I _____ you to be _____ _____ _____.

❷ 내가 어제 설거지하라고 말했잖아요.
I _____ _____ to _____ the _____ yesterday.

❸ 내가 문을 잠그라고 말했잖아.
I told you _____ _____ the _____.

❹ 내가 잠시만 기다리라고 말했잖아.
I told you to _____ _____ a _____.

❺ 내가 바닥을 걸레질하라고 했잖아요.
I _____ _____ to _____ the _____.

▶ 다음 문장을 주어진 패턴을 활용해 영어로 바꿔 말해 보세요.

I watch TV.
나는 TV를 봐요.

1 당신이 TV를 볼 줄 알고 있었어요. **I knew you'd**

....

2 내가 TV 보라고 말했잖아요. **I told you to**

....

3 나는 TV를 볼 기분이 아니에요. **I'm not in the mood for**

....

4 난 막 TV를 보려던 참이었어요. **I was just about to**

....

5 당신은 틀림없이 TV를 봤을 거예요. **You must have p.p.**

....

정답 1 I knew you'd watch TV. 2 I told you to watch TV. 3 I'm not in the mood for watching TV.
4 I was just about to watch TV. 5 You must have watched TV.

 동사 give의 기본적인 의미는 '주다'입니다. give up은 '완전히(up) 주다(give)', 즉 무언가를 완전히 다 내주는 거니까 '포기하다'라는 의미가 됩니다. give out은 '밖으로(out) 주다(give)'이므로, 밖에 있는 사람들에게 어떤 물건 등을 '나눠 주다'라는 의미로 쓰입니다. give back은 말 그대로 무언가를 '되돌려(back) 주다(give)'라는 뜻입니다. 다른 사람에게 빌린 물건을 돌려주거나 반납한다는 의미를 가진 표현이죠. give off는 '떼어서(off) 주다(give)'인데, 어떠한 사물이 열이나 냄새를 떼어서 주면 '(열, 냄새를) 내뿜다'란 뜻이고, 사람이 어떠한 분위기를 떼어서 주면 '(분위기를) 풍기다'라는 의미입니다. 마지막으로 give in은 '안으로(in) 주다(give)'라는 것인데요, 내 것을 포기하고 다른 테두리 안으로 들어가는 이미지를 떠올려 보면 '굴복하다'라는 의미가 쉽게 이해되실 거예요. '~에 굴복하다'라고 할 때는 뒤에 to를 붙여 give in to를 씁니다.

STEP 1 **Listen & Repeat** 잘 듣고 따라 말해 보세요. ▶ 027.MP3

give up 포기하다	**I will never give up this chance.** 난 절대 이 기회를 **포기하지** 않을 거야.
give out 나눠 주다, 배부하다	**I gave out my books to the students.** 내 책들을 학생들에게 **나눠 주었어요.**
give back 돌려주다, 반납하다	**Give back my laptop as soon as possible.** 최대한 빨리 내 노트북 **돌려줘.**
give off (분위기를) 풍기다	**He gives off positive vibes.** 그는 긍정적인 분위기를 **풍겨요.**
give in (요구·위협 등에) 굴복하다 (to)	**I gave in to her temptation.** 나는 그녀의 유혹에 **굴복했어요.**

STEP 2 **Fill in the blanks** 주어진 우리말 문장을 영어로 써 보세요.

1 나는 그녀의 유혹에 굴복했어요.
I _____ _____ to her temptation.

2 최대한 빨리 내 노트북 돌려줘.
_____ my laptop as soon as possible.

3 그는 긍정적인 분위기를 풍겨요.
He _____ _____ positive vibes.

4 난 절대 이 기회를 포기하지 않을 거야.
I will never _____ this chance.

5 내 책들을 학생들에게 나눠 주었어요.
I _____ my books to the students.

STEP 3 **Speak & Write** 주어진 우리말 문장을 영어로 바꿔 말하고 써 보세요. ▶ 028.MP3
★ 정답 271쪽

1 나는 내 고객에게 굴복했어요. (client)
_____

2 난 절대 이 발표를 포기하지 않을 거야.
_____

3 그는 부정적인 분위기를 풍겨요. (negative)
_____

4 최대한 빨리 내 우산 돌려줘.
_____

5 내 장난감들을 학생들에게 나눠 주었어요.
_____

Exercise 1

▶ 앞에서 배운 문장을 활용해 다음 대화를 완성해 보세요.

1

A I have no problem talking in English.

난 영어로 대화하는 데 아무 문제가 없어.

B That's great!

대단하다! 넌 틀림없이 해외에서 공부했을 거야.

2

A I lost my wallet in my car yesterday.

어제 차에 있던 지갑을 잃어버렸어.

B The door was open?

문이 열려 있었니? 내가 문을 잠그라고 말했잖아.

3

A Can I use your laptop until this weekend?

이번 주말까지 네 노트북 써도 될까?

B Are you kidding?

장난하니? 최대한 빨리 내 노트북 돌려줘.

4

A Where are your books?

당신의 책들은 어디 있나요?

B Actually,

실은, 제 책들을 학생들에게 나눠 주었어요.

5

A Did you really give her money?

그녀에게 정말로 돈을 줬어요?

B I did.

줬어요. 난 그녀의 유혹에 굴복했죠.

6

A Finally, I got a driver's license!

드디어 운전면허증을 땄어!

B Congratulations!

축하해! 네가 그 시험에 합격할 줄 알고 있었어.

7

A What do you think of Michael?

마이클에 대해 어떻게 생각하세요?

B I like him.

그가 좋아요. 그는 긍정적인 분위기를 풍겨요.

8

A Aren't you hungry? It's lunchtime!

배 안 고파? 점심 시간이야!

B Don't worry.

걱정 마. 점심을 막 먹으려던 참이었어.

029.MP3

★ MP3 파일을 듣고 대화를 따라 말해 보세요.

Exercise 2

★ 정답 271쪽

▶ 패턴과 구동사를 조합해 다음 문장을 말해 보세요.

1 당신이 내 책을 돌려줄 거란 걸 알고 있었어요.
I knew you'd + give back

2 난 크리스마스 선물을 나눠 줄 기분이 아니에요. (presents)
I'm not in the mood for + give out

3 넌 틀림없이 긍정적인 기운을 풍겼을 거야.
You must have p.p. + give off

4 네 아내에게 굴복하라고 내가 말했잖아.
I told you to + give in

5 난 막 그 여행을 포기하려던 참이었어요. (trip)
I was just about to + give up

030.MP3

★ MP3 파일을 듣고 문장을 따라 말해 보세요.

4th WEEK

DAY 016   **I was busy -ing ~.**

DAY 017   **Make sure that ~.**

DAY 018   **I'm sick of ~.**

DAY 019   **What's the point of -ing ~?**

DAY 020   **I was told to ~.**

D A Y
016

I was busy -ing ~.

~하느라 바빴어요.

과거에 무언가를 하느라 바빴다는 말을 하고 싶을 때 쓰는 패턴입니다. was 대신 현재형을 써서 I'm busy -ing라고 하면 '지금 ~하느라 바빠요'라는 뜻이 되죠. 'busy to + 동사'로 쓰면 안 되고 동명사를 써서 'busy + -ing'로 써야 한다는 거 잊지 마세요.

031.MP3

Listen & Repeat

잘 듣고 큰 소리로 따라 말해 보세요.

☐ **I was busy** cooking dinner.
저녁 식사 준비하느라 바빴어.

☐ **I was busy** talking on the phone.
전화 통화하느라 바빴어.

☐ **I was busy** taking care of my kids.
저희 애들을 돌보느라 바빴어요.   ★ take care of ~을 돌보다

☐ **I was busy** studying for the test.
시험 공부하느라 바빴어요.

☐ **I was busy** doing some household chores.
집안일을 좀 하느라 바빴어요.   ★ household chores 집안일

Speak & Write

주어진 우리말 문장을 영어로 말하고 써 보세요.

❶ 집안일을 좀 하느라 바빴어요.
I was _____ _____ some household _____.

❷ 전화 통화하느라 바빴어.
I was busy _____ _____ the _____.

❸ 시험 공부하느라 바빴어요.
I _____ busy _____ for the _____.

❹ 저녁 식사 준비하느라 바빴어.
I was _____ _____ _____.

❺ 저희 애들을 돌보느라 바빴어요.
I _____ _____ _____ care _____ my kids.

Make sure that ~.

꼭 ~하세요.

상대방에게 어떠한 행동을 확실히 하도록 당부할 때 쓰는 패턴입니다. 앞에 please를 넣어서 Please make sure that...이라고 하면 좀 더 부드럽게 당부를 전달할 수 있어요. 참고로 '(어떠한 일이 사실인지) 확인하세요'라는 의미로도 쓰일 수 있으니 함께 알아 두세요.

032.MP3

Listen & Repeat

잘 듣고 큰 소리로 따라 말해 보세요.

Make sure that you go to bed early.
꼭 일찍 자러 가도록 해.

Make sure that you close the windows.
꼭 창문을 닫으세요.

Make sure that you bring your passport.
꼭 여권 가져오세요. ★ passport 여권

Make sure that they prepare some food.
꼭 그들이 음식을 좀 준비하게 하세요.

Make sure that she doesn't miss anything.
꼭 그녀가 아무것도 빠뜨리지 않게 하세요.

Speak & Write

주어진 우리말 문장을 영어로 말하고 써 보세요.

❶ 꼭 창문을 닫으세요.
_____ sure that you _____ the _____.

❷ 꼭 여권 가져오세요.
Make sure that _____ _____ your _____.

❸ 꼭 그녀가 아무것도 빠뜨리지 않게 하세요.
Make _____ that she doesn't _____ _____.

❹ 꼭 그들이 음식을 좀 준비하게 하세요.
Make sure _____ they _____ _____ _____.

❺ 꼭 일찍 자러 가도록 해.
_____ _____ that you _____ to _____ early.

DAY 018

I'm sick of ~.

~가 지겨워요. / ~하는 게 지겨워요.

어떠한 행동이나 대상이 넌덜머리가 날 정도로 지겹고 싫증이 났을 때 쓰는 패턴입니다. 아플(sick) 정도로 지겹다고 생각하면 의미가 쉽게 이해되죠? of 뒤에는 명사나 동명사가 올 수 있어요. tired를 추가해 I'm sick and tired of...라고 하면 지겹다는 뜻을 더 강조할 수 있습니다.

033.MP3

Listen & Repeat

잘 듣고 큰 소리로 따라 말해 보세요.

☐ **I'm sick of this song.**
이 노래가 지겨워.

☐ **I'm sick of my job.**
내 일이 지겨워요.

☐ **I'm sick of your excuses.**
네 변명이 지겨워. ★ excuse 변명, 핑계

☐ **I'm sick of talking about this.**
이것에 대해 이야기하는 게 지겨워요.

☐ **I'm sick of eating chicken breasts.**
닭 가슴살 먹는 게 지겨워요. ★ breast 가슴살

Speak & Write

주어진 우리말 문장을 영어로 말하고 써 보세요.

❶ 이것에 대해 이야기하는 게 지겨워요.
_____ sick of _____ _____ this.

❷ 이 노래가 지겨워.
I'm _____ _____ this _____.

❸ 내 일이 지겨워요.
I'm sick _____ my _____.

❹ 네 변명이 지겨워.
_____ _____ of your _____.

❺ 닭 가슴살 먹는 게 지겨워요.
I'm _____ _____ _____ chicken _____.

52

D A Y 019
What's the point of -ing ~?
~하는 게 무슨 소용이 있어요?

어떠한 행동이나 계획에 대해 별 효과나 의미가 없다고 생각할 때 쓰는 패턴입니다. 말 그대로 요점(point)이 없다는 생각이 들 때 쓰는 표현이죠. '그게 무슨 소용이야?'라는 의미로 What's the point?라고 말하기도 합니다.

034.MP3

Listen & Repeat

잘 듣고 큰 소리로 따라 말해 보세요.

☐ **What's the point of waking up early?**
일찍 일어나는 게 무슨 소용이 있어?

☐ **What's the point of working alone?**
혼자서 일하는 게 무슨 소용이야?

☐ **What's the point of wearing a bow tie?**
나비넥타이 매는 게 무슨 소용이 있어요? ★ bow tie 나비넥타이

☐ **What's the point of buying a good car?**
좋은 차를 사는 게 무슨 소용이 있어요?

☐ **What's the point of worrying about that?**
그걸 걱정하는 게 무슨 소용이 있어요?

Speak & Write

주어진 우리말 문장을 영어로 말하고 써 보세요.

❶ 그걸 걱정하는 게 무슨 소용이 있어요?
What's the _____ of _____ _____ that?

❷ 좋은 차를 사는 게 무슨 소용이 있어요?
_____ the point of _____ a good _____?

❸ 일찍 일어나는 게 무슨 소용이 있어?
What's the point _____ _____ _____ early?

❹ 혼자서 일하는 게 무슨 소용이야?
What's the _____ of _____ _____?

❺ 나비넥타이 매는 게 무슨 소용이 있어요?
_____ the point _____ _____ a bow _____?

DAY 020

I was told to ~.

~하라는 지시를 받았어요. / ~하라고 들었어요.

누군가에게 무엇을 하라고 지시를 받았거나 말을 들었을 때 쓰는 패턴이에요. '말하다'라는 의미의 tell을 수동태로 쓰면 be told(말을 듣다)가 됩니다. 이 뒤에 'to + 동사원형'을 넣어 주면 '무언가를 하라는 말을 듣다', 즉 '무언가를 하라는 지시를 받다'라는 의미가 되죠.

035.MP3

Listen & Repeat

잘 듣고 큰 소리로 따라 말해 보세요.

☐ **I was told to stay here.**
여기 있으라는 지시를 받았어요.

☐ **I was told to work with you.**
당신과 함께 일하라는 지시를 받았어요.

☐ **I was told to work out every day.**
매일 운동하라는 말을 들었어요.　★ work out 운동하다

☐ **I was told to be quiet in the library.**
도서관에서 조용히 하라고 얘기 들었어요.

☐ **I was told to help you with your project.**
당신의 프로젝트를 도우라는 지시를 받았어요.

Speak & Write

주어진 우리말 문장을 영어로 말하고 써 보세요.

❶ 매일 운동하라는 말을 들었어요.
I _____ told to _____ _____ every _____.

❷ 여기 있으라는 지시를 받았어요.
I was _____ _____ _____ here.

❸ 당신과 함께 일하라는 지시를 받았어요.
_____ _____ told to _____ _____ you.

❹ 당신의 프로젝트를 도우라는 지시를 받았어요.
I was told _____ _____ you _____ your _____.

❺ 도서관에서 조용히 하라고 얘기 들었어요.
I was _____ to _____ _____ in the _____.

▶ 다음 문장을 주어진 패턴을 활용해 영어로 바꿔 말해 보세요.

I clean my room.

나는 내 방을 청소해요.

1 내 방을 청소하는 게 지겨워요. **I'm sick of**

2 내 방을 청소하는 게 무슨 소용이 있나요? **What's the point of -ing**

3 내 방을 청소하라는 얘기를 들었어요. **I was told to**

4 나는 내 방을 청소하느라 바빴어요. **I was busy -ing**

5 꼭 내 방을 청소하도록 하세요. **Make sure that**

정답
1 I'm sick of cleaning my room. 2 What's the point of cleaning my room?
3 I was told to clean my room. 4 I was busy cleaning my room.
5 Make sure that you clean my room.

go 구동사

 go는 '가다'라는 뜻의 동사입니다. **go out**은 '밖으로(out) 가다(go)'인데, 단순히 밖으로 '외출하다'라는 의미도 있지만, 좋아하는 사람과 외출하는 '데이트하다'라는 의미로도 쓰입니다. **go through**는 '뚫고(through) 가다(go)'입니다. 물리적인 공간을 뚫고 나가는 것뿐만 아니라, 어떠한 특정 시간/상황을 뚫고 가면서 '경험하다'라는 의미도 나타내죠. 한편 **go off**는 '떨어져서(off) 가다(go)'로, 무언가 붙어 있던 것이 떨어져 나가는 것을 의미합니다. 알람 소리가 시계 밖으로 떨어져 울려 퍼지는 모습을 상상해 보세요. 이처럼 '(알람이) 울리다'라는 뜻이지요. **go against**는 '맞서서(against) 가다(go)'인데, 어떤 것에 반대하여 맞서는 상태로 가는 것이니까 '어기다, 거스르다'라는 의미가 됩니다. 반대로 **go along with**는 '함께(with) 따라서(along) 가다(go)'란 뜻입니다. 누군가의 생각에 함께 붙어서 따라가는 거니까 '동의하다'란 뜻으로 쓰입니다.

STEP 1 **Listen & Repeat** 잘 듣고 따라 말해 보세요. ▶ 037.MP3

go out 외출하다, 데이트하다 (with)	I want to **go out** with you. 너와 **데이트하고** 싶어.
go through 겪다, 경험하다	We're **going through** a hard time. 우리는 힘든 시간을 **겪고** 있어요.
go off (알람·경보가) 울리다	The alarm **goes off** at 7:00. 알람은 7시에 **울립니다**.
go against 어기다, 거스르다	I don't want to **go against** the law. 나는 법을 **어기고** 싶지 않아요.
go along with (의견에) 찬성하다, 동의하다	Everybody **went along with** my idea. 모두가 제 아이디어에 **동의했어요**.

STEP 2 **Fill in the blanks** 주어진 우리말 문장을 영어로 써 보세요.

1 나는 법을 어기고 싶지 않아요.
I don't want to _____ _____ the law.

2 알람은 7시에 울립니다.
The alarm _____ _____ at 7:00.

3 우리는 힘든 시간을 겪고 있어요.
We're _____ _____ a hard time.

4 모두가 제 아이디어에 동의했어요.
Everybody _____ _____ my idea.

5 너와 데이트하고 싶어.
I want to _____ _____ with you.

STEP 3 **Speak & Write** 주어진 우리말 문장을 영어로 바꿔 말하고 써 보세요. ▶ 038.MP3
★ 정답 272쪽

1 나는 우리 회사 방침을 어기고 싶지 않아요. (policy)

_____

2 알람은 6시에 울립니다.

_____

3 모두가 제 새로운 계획에 동의했어요.

_____

4 우리는 많은 변화를 겪고 있어요. (changes)

_____

5 그의 여동생과 데이트하고 싶어.

_____

Exercise 1

▶ 앞에서 배운 문장을 활용해 다음 대화를 완성해 보세요.

1

A Wow! You look much healthier than before!

우와! 전보다 훨씬 더 건강해 보이세요!

B Actually,

사실은, 매일 운동하라는 말을 들었어요.

2

A Long time, no see. How's business?

오랜만이에요. 사업은 어때요?

B To be honest,

솔직히 말씀 드리면, 저희는 힘든 시간을 겪고 있어요.

3

A I'm so jealous of his new car!

그의 새 차가 너무 부러워!

B I'm not.

난 안 그래. 좋은 차를 사는 게 무슨 소용이 있어?

4

A Did you propose your idea at the meeting?

회의 때 당신의 아이디어를 제안했나요?

B Yes. Fortunately,

네. 다행히도 모두가 제 아이디어에 동의했어요.

★ 정답 272쪽

5   **A Do you really work overtime every day?**
    너 정말 매일 야근하니?

    B It's true.
    맞아. 내 일이 지겨워.

6   **A It's Friday! What are you doing tonight?**
    금요일이야! 오늘 밤에 뭐 해?

    B Well,
    음, 너랑 데이트하고 싶어.

7   **A I have a final interview tomorrow. I'm so nervous.**
    내일 최종 면접이 있어요. 너무 긴장돼요.

    B Take it easy.
    진정해요. 꼭 일찍 자러 가도록 하세요.

8   **A Why don't you park here?**
    여기에 주차하는 게 어때?

    B This is not a parking lot.
    여긴 주차장이 아니잖아. 난 법을 어기고 싶지 않아.

039.MP3

★ MP3 파일을 듣고 대화를 따라 말해 보세요.

Exercise 2

★ 정답 272쪽

▶ 패턴과 구동사를 조합해 다음 문장을 말해 보세요.

1 난 그와 데이트하느라 바빴어.
I was busy -ing + go out

2 힘든 시간들을 겪는 것이 지겨워요.
I'm sick of + go through

3 나는 법을 어기라는 지시를 받았어요.
I was told to + go against

4 꼭 알람이 6시에 울리도록 하세요.
Make sure that + go off

5 그들의 아이디어에 찬성하는 게 무슨 소용이 있나요?
What's the point of -ing + go along with

040.MP3

★ MP3 파일을 듣고 문장을 따라 말해 보세요.

5th WEEK

DAY 021   I can't wait to ~.

DAY 022   I didn't mean to ~.

DAY 023   It's no use -ing ~.

DAY 024   I've always wanted to ~.

DAY 025   Don't hesitate to ~.

DAY
021

I can't wait to ~.

얼른 ~하고 싶어요.

기다릴(wait) 수도 없을 만큼, 너무나도 간절히 무언가를 하고 싶을 때 쓰는 패턴입니다. 'to + 동사' 대신 for를 넣어 I can't wait for + 명사. 형태로 말해도 돼요. 몹시 기대되는 일을 앞두고 I can't wait!(너무 기대돼!)라고 짧게 표현할 수도 있어요.

041.MP3

Listen & Repeat

잘 듣고 큰 소리로 따라 말해 보세요.

☐ **I can't wait to leave work.**
얼른 퇴근하고 싶어. ★ leave work 퇴근하다

☐ **I can't wait to open the box.**
얼른 그 상자를 열어 보고 싶어요.

☐ **I can't wait to propose to her.**
얼른 그녀한테 청혼하고 **싶어요.** ★ propose 청혼하다, 프러포즈하다

☐ **I can't wait to watch his first movie.**
그의 첫 영화를 **얼른** 보고 싶어요.

☐ **I can't wait to tell you about my new girlfriend.**
너한테 내 새 여자친구에 대해 **얼른** 말하고 싶어.

Speak & Write

주어진 우리말 문장을 영어로 말하고 써 보세요.

❶ 그의 첫 영화를 얼른 보고 싶어요.
I can't wait _____ _____ his _____ movie.

❷ 얼른 퇴근하고 싶어.
I _____ wait to _____ _____ .

❸ 얼른 그 상자를 열어보고 싶어요.
I _____ _____ to _____ the _____ .

❹ 너한테 내 새 여자친구에 대해 얼른 말하고 싶어.
I can't _____ to tell you _____ my new _____ .

❺ 얼른 그녀한테 청혼하고 싶어요.
I _____ wait _____ _____ _____ her.

DAY 022

I didn't mean to ~.

~하려는 의도는 아니었어요.

특정한 의도를 가지고 일부러 무언가를 하려던 게 아니었다고 말할 때 쓰는 패턴입니다. 주로 상대방과 오해를 풀고 싶을 때 쓰죠. I didn't mean it.(그럴 의도가 아니었어.)이란 표현도 일상생활에서 많이 씁니다.

042.MP3

Listen & Repeat

잘 듣고 큰 소리로 따라 말해 보세요.

☐ **I didn't mean to scare you.**
너를 겁주려고 했던 건 아니야.

☐ **I didn't mean to say that.**
그렇게 말하려는 의도는 아니었어요.

☐ **I didn't mean to lie to you.**
당신에게 거짓말하려던 건 아니었어요.

☐ **I didn't mean to bother you.**
널 귀찮게 하려는 의도는 아니었어. ★ bother ~을 귀찮게 하다

☐ **I didn't mean to be late for the meeting.**
회의에 일부러 늦으려고 한 건 아니었어요.

Speak & Write

주어진 우리말 문장을 영어로 말하고 써 보세요.

❶ 당신에게 거짓말하려던 건 아니었어요.
I _____ mean to _____ _____ you.

❷ 그렇게 말하려는 의도는 아니었어요.
I _____ _____ to _____ that.

❸ 너를 겁주려고 했던 건 아니야.
I didn't mean _____ _____ _____.

❹ 회의에 일부러 늦으려고 한 건 아니었어요.
I didn't mean _____ _____ _____ for the _____.

❺ 널 귀찮게 하려는 의도는 아니었어.
I _____ _____ _____ _____ you.

63

It's no use -ing ~.

~해 봤자 소용없어요.

어떤 행동을 해 봤자 문제를 해결하거나 목적을 달성하는 데 아무 효과가 없다고 할 때 쓰는 패턴입니다. 해 봤자 소용없으니 괜히 힘 빼지 말라는 의미이죠. 이 표현도 간단하게 It's no use.만 쓰면 '소용없어요'라는 의미로 쓸 수 있습니다.

043.MP3

Listen & Repeat

잘 듣고 큰 소리로 따라 말해 보세요.

☐ **It's no use complaining.**
불평해 봤자 소용없어.

☐ **It's no use asking me about it.**
그걸 나한테 물어**봤자 소용없어.**

☐ **It's no use working hard here.**
여기서 열심히 일해 **봤자 소용없어요.**

☐ **It's no use studying abroad.**
해외에서 공부해 **봤자 소용없어요.**

☐ **It's no use regretting what you said.**
당신이 말한 것을 후회해 **봤자 소용없어요.** ★ regret 후회하다

Speak & Write

주어진 우리말 문장을 영어로 말하고 써 보세요.

❶ 그걸 나한테 물어봤자 소용없어.
It's no use ＿＿＿＿＿ ＿＿＿＿＿ about it.

❷ 불평해 봤자 소용없어.
＿＿＿＿＿ ＿＿＿＿＿ use ＿＿＿＿＿.

❸ 당신이 말한 것을 후회해 봤자 소용없어요.
It's ＿＿＿＿＿ ＿＿＿＿＿ ＿＿＿＿＿ what you ＿＿＿＿＿.

❹ 여기서 열심히 일해 봤자 소용없어요.
It's ＿＿＿＿＿ ＿＿＿＿＿ ＿＿＿＿＿ ＿＿＿＿＿ here.

❺ 해외에서 공부해 봤자 소용없어요.
It's ＿＿＿＿＿ use ＿＿＿＿＿ ＿＿＿＿＿.

I've always wanted to ~.

나는 항상 ~하길 원했어요.

예전부터 계속 하고 싶었던 오랜 소망이나 염원을 말할 때 쓰는 패턴입니다. I want to...는 단순히 지금 원하는 일을 나타낼 때 쓰지만, I've always wanted to...는 예전부터 지금까지 계속해서 하길 원했던 일을 나타낼 때 쓰죠.

044.MP3

Listen & Repeat

잘 듣고 큰 소리로 따라 말해 보세요.

☐ **I've always wanted to** be an actor.
나는 항상 배우가 되고 싶었어.

☐ **I've always wanted to** meet you.
나는 항상 널 만나길 원했어.

☐ **I've always wanted to** go to Europe.
나는 항상 유럽에 가길 원했어요.

☐ **I've always wanted to** learn how to play golf.
나는 항상 골프 치는 법을 배우고 싶었어요.

☐ **I've always wanted to** work in the Sales Department.
저는 항상 판매 부서에서 일하길 원했어요. ★ department 부서

Speak & Write

주어진 우리말 문장을 영어로 말하고 써 보세요.

❶ 저는 항상 판매 부서에서 일하길 원했어요.
I've always _____ _____ work in the Sales _____.

❷ 나는 항상 널 만나길 원했어.
I've _____ _____ to _____ you.

❸ 나는 항상 배우가 되고 싶었어.
I've _____ wanted to _____ _____ _____.

❹ 나는 항상 유럽에 가길 원했어요.
_____ always wanted to _____ _____ _____.

❺ 나는 항상 골프 치는 법을 배우고 싶었어요.
I've always _____ to _____ _____ to _____ golf.

DAY 025

Don't hesitate to ~.

주저 말고 ~하세요.

상대방이 어떠한 행동을 쉽사리 하지 못하고 머뭇거리고 있을 때, 망설이지 말고 그냥 하라는 의미로 쓰는 패턴입니다. 비즈니스 상황에서 고객을 응대할 때 특히 많이 쓰는 표현이죠. 이보다 좀 더 캐주얼한 표현으로 Feel free to...(편하게 ~하세요)도 많이 씁니다.

045.MP3

Listen & Repeat

잘 듣고 큰 소리로 따라 말해 보세요.

Don't hesitate to call me.
주저 말고 제게 전화 주세요.

Don't hesitate to buy it.
망설이지 말고 그걸 사세요.

Don't hesitate to ask for help.
주저 말고 도움을 요청하세요.

Don't hesitate to attend the meeting.
주저하지 말고 그 회의에 참석하세요.

Don't hesitate to tell me what you want.
주저하지 마시고 원하는 걸 저한테 말씀해 주세요.

Speak & Write

주어진 우리말 문장을 영어로 말하고 써 보세요.

❶ 주저하지 말고 그 회의에 참석하세요.
_____ _____ to _____ the _____.

❷ 주저하지 마시고 원하는 걸 저한테 말씀해 주세요.
Don't hesitate _____ _____ me _____ you want.

❸ 주저 말고 제게 전화 주세요.
Don't _____ _____ _____ me.

❹ 망설이지 말고 그걸 사세요.
_____ hesitate _____ _____ it.

❺ 주저 말고 도움을 요청하세요.
_____ hesitate to _____ for _____.

▶ 다음 문장을 주어진 패턴을 활용해 영어로 바꿔 말해 보세요.

I play soccer.
나는 축구를 해요.

1 난 축구를 하려던 건 아니었어요. **I didn't mean to**

....

2 난 얼른 축구를 하고 싶어요. **I can't wait to**

....

3 축구를 해 봤자 소용없어요. **It's no use -ing**

....

4 주저하지 말고 축구를 하세요. **Don't hesitate to**

....

5 나는 항상 축구를 하고 싶었어요. **I've always wanted to**

....

정답 1 I didn't mean to play soccer.   2 I can't wait to play soccer.   3 It's no use playing soccer.
4 Don't hesitate to play soccer.   5 I've always wanted to play soccer.

take 구동사

take의 기본 뜻은 '잡다, 취하다'입니다. **take on**은 '잡아서(take) 붙이다(on)'로, 업무를 잡아서 내 몸에 붙이면 '(일을) 맡다'라는 의미가 되고, 사람을 잡아서 회사에 붙이면 '(사람을) 고용하다'라는 의미가 되죠. 반대로 **take off**는 '잡아서(take) 떼어내다(off)'입니다. 입고 있는 옷을 잡아서 떼어내면 '(옷을) 벗다', 시간을 잡아서 떼어놓으면 '(기간 동안) 쉬다'라는 의미가 됩니다. **take over**는 '잡아서(take) 넘어오다(over)'인데, 남의 일을 잡아서 넘어오면 '(일을) 넘겨받다'가 되고, 회사를 잡아서 넘어오면 '인수하다'란 뜻이 되죠. **take down**은 '잡아서(take) 내려놓다(down)'란 말 그대로 '끌어내리다'란 의미가 있는데, 누군가의 말을 잡아서 내려놓으면 '받아 적다'라는 의미도 됩니다. 마지막으로 **take back**은 '잡아서(take) 도로 가져다 놓다(back)'입니다. 어떠한 물건을 '반품하다'란 의미로도 사용되지만, 말실수를 한 후에 말을 도로 주워 담듯 '(내뱉은 말을) 취소하다'라는 의미로도 흔히 쓰입니다.

STEP 1

Listen & Repeat 잘 듣고 따라 말해 보세요.

▶ 047.MP3

take on (사람을) 고용하다, 뽑다	We'll **take on** a new employee. 우리는 새로운 직원을 **채용할** 거예요.
take off (기간 동안) 쉬다	Can I **take** a day **off**? 하루 **쉬어도** 될까요?
take over (일을) 넘겨받다, 인계받다	I'll **take over** his work. 제가 그의 일을 **넘겨받을게요.**
take down (말을) 받아 적다	Did you **take down** his message? 그의 메시지를 **받아 적었나요?**
take back (말·약속을) 취소하다	I'll **take back** my words. 내 말을 **취소할게.**

Fill in the blanks 주어진 우리말 문장을 영어로 써 보세요.

❶ 하루 쉬어도 될까요?
Can I ⬛⬛⬛⬛⬛ a day ⬛⬛⬛⬛⬛ ?

❷ 우리는 새로운 직원을 채용할 거예요.
We'll ⬛⬛⬛⬛⬛⬛⬛ a new employee.

❸ 내 말을 취소할게.
I'll ⬛⬛⬛⬛⬛⬛⬛ my words.

❹ 그의 메시지를 받아 적었나요?
Did you ⬛⬛⬛⬛⬛⬛⬛ his message?

❺ 제가 그의 일을 넘겨받을게요.
I'll ⬛⬛⬛⬛⬛⬛⬛ his work.

Speak & Write 주어진 우리말 문장을 영어로 바꿔 말하고 써 보세요. ▶ 048.MP3

★ 정답 272쪽

❶ 그녀의 조언을 받아 적었나요? (advice)
_____

❷ 내 약속을 취소할게. (promise)
_____

❸ 우리는 여자 직원을 채용할 거예요. (female)
_____

❹ 제가 그의 프로젝트를 넘겨받을게요.
_____

❺ 한 달 쉬어도 될까요?
_____

Exercise 1

▶ 앞에서 배운 문장을 활용해 다음 대화를 완성해 보세요.

1

A Where do you want to go for your vacation?

휴가 때 어디 가고 싶어?

B

난 항상 유럽에 가길 원했지.

2

A Tom is sick now. Can you help him?

지금 탐이 아파요. 그를 도와줄 수 있을까요?

B No problem.

그럼요. 제가 그의 일을 넘겨받을게요.

3

A I can't believe he studied in Canada.

걔가 캐나다에서 공부했단 걸 믿을 수 없어.

B See. I told you!

거 봐. 내가 뭐랬어! 해외에서 공부해 봤자 소용없어.

4

A You look very tired. Are you okay?

무척 피곤해 보이세요. 괜찮으세요?

B I think I have a cold.

저 감기 걸린 것 같아요. 하루 쉬어도 될까요?

5

A Why did you lie to me?
왜 나한테 거짓말했어?

B Believe it or not,
믿기 힘들겠지만, 너에게 거짓말하려던 게 아니었어.

6

A Are you saying I'm a loser?
내가 패배자라고 말하는 거야?

B I'm sorry.
미안해. 내 말을 취소할게.

7

A Can I call you after work?
퇴근 후에 전화드려도 될까요?

B Never mind.
신경 쓰지 마세요. 주저하지 말고 제게 전화 주세요.

8

A We have too much work to do.
우리가 해야 할 일이 너무 많아요.

B Don't worry.
걱정 마세요. 우리는 새로운 직원을 채용할 거예요.

049.MP3

★ MP3 파일을 듣고 대화를 따라 말해 보세요.

Exercise 2

★ 정답 273쪽

▶ 패턴과 구동사를 조합해 다음 문장을 말해 보세요.

1 1년을 쉬려던 건 아니었어.
   I didn't mean to + **take off**

2 네 말을 취소해 봤자 소용없어.
   It's no use -ing + **take back**

3 주저하지 말고 그의 연설을 받아 적으세요. (speech)
   Don't hesitate to + **take down**

4 저는 항상 좋은 직원들을 고용하길 원했어요.
   I've always wanted to + **take on**

5 당신의 과학 프로젝트를 얼른 넘겨받고 싶어요. (science)
   I can't wait to + **take over**

050.MP3

★ MP3 파일을 듣고 문장을 따라 말해 보세요.

영어 발음 제대로 연습하는 법

수 년 전, 한 가수 분에게 영어 수업을 의뢰받은 적이 있습니다. 〈I believe I can fly〉라는 유명한 팝송을 연습 중인데, 영어 가사를 제대로 이해하고 불러야 더 감동적인 무대를 만들 수 있다며 가사를 가르쳐 달라고 하시더라고요.

그런데 함께 수업을 하다가 특이한 점을 하나 발견했습니다. 영어 노래를 들은 다음에 한글로 발음을 적어서 연습하시더라고요. 왜 그렇게 하시냐고 물었더니, 영어 가사를 보고 연습하면 나도 모르게 한국식 발음이 된다는 겁니다. 귀에 들리는 소리를 그대로 익혀서 연습해야 더 원어민스러운 발음으로 노래를 부를 수 있다는 거죠. 예를 들어 I believe I can fly.라는 영어 문장을 그대로 읽으면 '아이 빌리브 아이 캔 플라이'라고 정직하게 발음하게 되는데, 가사 없이 노래를 듣고 소리 나는 대로 적으면 '아 블립 아 큰 플라이'라고 발음하게 된다는 겁니다. 그때 정말 큰 깨달음을 얻었습니다. 그게 진짜 발음을 연습하는 방법이었던 거죠. 여기서 착안한 영어 발음 연습법을 공개합니다!

첫째, 원어민 음성부터 들으세요.

대부분의 사람들은 영어를 공부할 때 텍스트를 먼저 본 후에 발음을 따라 읽습니다. 하지만 그렇게 하면 무의식중에 한국식 발음을 할 가능성이 큽니다. 우선, 텍스트는 보지 말고 MP3만 들으면서 원어민의 소리에 익숙해지세요.

둘째, 그대로 따라하세요.

이번에는 MP3를 들으면서 원어민이 소리 내는 발음과 억양을 그대로 따라 해 보세요. 귀로 들으면서 동시에 따라 말하는 쉐도잉(Shadowing) 학습법을 활용해도 좋습니다. 이런 식으로 연습하다 보면 나도 모르게 진짜 원어민의 발음과 억양이 체화되는 놀라운 경험을 할 수 있습니다.

셋째, 텍스트를 확인하세요.

마지막 단계로 텍스트를 보면서 내가 들은 소리가 맞았는지 확인해 보세요. 이제는 영어 소리에 익숙해졌으니 텍스트를 보면서 읽더라도 한국식으로 어색하게 발음하지 않을 거예요. 꾸준한 연습을 통해 원어민처럼 발음해 봅시다!

Review 1

A

주어진 패턴을 활용해 다음 문장을 말해 보세요.

1 주저 말고 그에게 전화하세요. (**Don't hesitate to**)

_____

2 파리에 가 본 적 있니? (**Have you ever p.p.**)

_____

3 공부할 기분이 아니야. (**I'm not in the mood for**)

_____

4 그녀가 여기에 올 수 있을 리가 없어요. (**There's no way**)

_____

5 아침 식사를 요리하느라 바빴어요. (**I was busy -ing**)

_____

B

아래 상자에서 알맞은 구동사를 찾은 다음, 알맞게 활용해 빈칸을 채우세요.

look up	put back	give out	go through	take down

1 이 책들을 제자리에 가져다 놓는 걸 잊지 마.

Don't forget to _____ these books _____.

2 난 그 단어를 사전에서 찾아봤어.

I _____ _____ that word in the dictionary.

3 나는 펜을 학생들에게 나눠 주었어요.

I _____ _____ the pens to the students.

4 그녀의 메시지를 받아 적었나요?

Did you _____ _____ her message?

5 우리 부모님은 어려운 시간을 겪고 계세요.

My parents are _____ _____ a hard time.

C 우리말 해석을 보고 빈칸을 채우세요.

1 난 그와 데이트하기를 항상 원했어.

I've _____ wanted to _____ _____ with him.

2 이 문제를 조사하는 게 무슨 의미가 있죠?

What's the _____ of _____ _____ this problem?

3 당신이 그 회의를 연기할 줄 알고 있었어요.

I _____ you'd _____ _____ the meeting.

4 당신이 한 달 동안 쉬길 원해요.

I _____ you to _____ a month _____.

5 그 기회를 포기하려던 게 아니었어.

I didn't _____ to _____ _____ the chance.

6 회사 방침을 어겨 본 적 있어요?

_____ you ever _____ _____ company policy?

7 내가 불을 끄라고 말했잖아.

I _____ you to _____ _____ the fire.

8 꼭 알람이 12시에 울리지 않게 하세요.

Make _____ that the alarm doesn't _____ _____ at 12:00.

9 네가 네 말을 취소하면 좋을 텐데.

I _____ you _____ _____ your words.

10 제 과거를 되돌아보는 것이 어렵네요.

It's _____ to _____ _____ on my past.

D 지금까지 배운 패턴과 구동사를 조합해 다음 문장을 말해 보세요.

① 모두가 제 아이디어에 찬성하는 것처럼 보여요.

It seems that + go along with

_____

② 나는 그의 아이들을 돌보라는 지시를 받았어요. (kid)

I was told to + look after

_____

③ 넌 내 돈을 돌려주는 게 좋을 거야.

You'd better + give back

_____

④ 이 테이블을 막 조립하려던 참이었어.

I was just about to + put together

_____

⑤ 당신은 그의 프로젝트를 넘겨받은 게 틀림없어요.

You must have p.p. + take over

_____

⑥ 난 많은 돈을 저축하고 싶어 죽겠어. (a lot of)

I'm dying to + put aside

_____

051.MP3

★ MP3 파일을 듣고 문장을 따라 말해 보세요.

6th WEEK

DAY 026   I used to ~.

DAY 027   I can't stop -ing ~.

DAY 028   It's worth -ing ~.

DAY 029   I'm in the middle of -ing ~.

DAY 030   It doesn't hurt to ~.

I used to ~.

나는 ~하곤 했어요.

지금은 더 이상 하지 않지만 예전에는 했던 행동이나 예전의 상태를 말할 때 쓰는 패턴입니다. 과거에는 그랬지만 지금은 아니라는 의미이므로 단순 과거형과는 차이가 있죠. 이때 to 뒤에는 반드시 동사원형을 씁니다. be used to ~ing는 '~에 익숙하다'라는 뜻이니 절대 헷갈리시면 안 돼요!

052.MP3

Listen & Repeat

잘 듣고 큰 소리로 따라 말해 보세요.

☐ **I used to** be fat.
난 뚱뚱**했었어.**

☐ **I used to** smoke.
난 담배를 피우**곤 했어.**

☐ **I used to** live in Canada.
난 캐나다에 살았**었어요.**

☐ **I used to** go to church.
난 교회에 다녔**었죠.**

☐ **I used to** work from home.
저는 재택근무를 **하곤 했어요.** ★ work from home 재택근무를 하다

Speak & Write

주어진 우리말 문장을 영어로 말하고 써 보세요.

❶ 난 교회에 다녔었죠.
I _____ to _____ to _____.

❷ 저는 재택근무를 하곤 했어요.
I used _____ _____ from _____.

❸ 난 뚱뚱했었어.
I used _____ _____ _____.

❹ 난 캐나다에 살았었어요.
_____ used to _____ _____ Canada.

❺ 난 담배를 피우곤 했어.
I _____ _____ _____.

DAY 027

I can't stop -ing ~.

~하는 것을 멈출 수가 없어요.

어떠한 행동을 끊임없이 계속할 수밖에 없음을 우회적으로 표현할 때 쓰는 패턴입니다. stop -ing는 '~하는 것을 멈추다'란 뜻이죠. 참고로 stop 대신 help를 넣어서 I can't help -ing...라고 하면 '~하지 않을 수 없어요'라는 의미가 되니 함께 알아 두세요.

053.MP3

Listen & Repeat

잘 듣고 큰 소리로 따라 말해 보세요.

☐ **I can't stop** laughing.
웃는 걸 멈출 수가 없어.

☐ **I can't stop** playing soccer.
축구 하는 걸 멈출 수가 없어요.

☐ **I can't stop** eating pizza.
피자 먹는 걸 멈출 수가 없어요.

☐ **I can't stop** loving you.
당신을 사랑하는 것을 멈출 수 없어요.

☐ **I can't stop** thinking about her.
그녀에 대해 생각하는 것을 멈출 수가 없어.

Speak & Write

주어진 우리말 문장을 영어로 말하고 써 보세요.

1 피자 먹는 걸 멈출 수가 없어요.
I can't _____ eating _____.

2 그녀에 대해 생각하는 것을 멈출 수가 없어.
I _____ _____ _____ about her.

3 당신을 사랑하는 것을 멈출 수 없어요
_____ _____ stop _____ you.

4 축구 하는 걸 멈출 수가 없어요.
I can't _____ _____ _____.

5 웃는 걸 멈출 수가 없어.
_____ _____ stop _____.

028

It's worth -ing ~.

~할 만한 가치가 있어요.

어떠한 행동을 할 만한 가치가 충분히 있다는 판단을 나타낼 때 쓰는 패턴이에요. 반대로 '~할 만한 가치가 없어요'라고 말하고 싶을 때는 It's not worth -ing...라고 하면 됩니다. 참고로 worth 뒤에는 동명사(-ing)뿐만 아니라 명사 형태도 올 수 있어요.

054.MP3

Listen & Repeat

잘 듣고 큰 소리로 따라 말해 보세요.

☐ **It's worth trying this.**
이건 시도해 볼 만한 가치가 있어.

☐ **It's worth reading this book.**
이 책은 읽을 만한 가치가 있어.

☐ **It's worth watching the show.**
그 쇼는 볼 만한 가치가 있어요.

☐ **It's worth studying English.**
영어는 공부할 가치가 있어요.

☐ **It's worth attending the conference.**
그 회의에 참석할 만한 가치가 있어요. ★ conference (대규모의) 회의

Speak & Write

주어진 우리말 문장을 영어로 말하고 써 보세요.

❶ 영어는 공부할 가치가 있어요.
It's _____ _____ English.

❷ 이 책은 읽을 만한 가치가 있어.
_____ _____ _____ this book.

❸ 그 쇼는 볼 만한 가치가 있어요.
It's _____ _____ the _____.

❹ 그 회의에 참석할 만한 가치가 있어요.
It's _____ _____ the _____.

❺ 이건 시도해 볼 만한 가치가 있어.
It's _____ _____ this.

D A Y
029
I'm in the middle of -ing ~.

한창 ~하는 중이에요.

어떠한 일을 하느라 한창 바쁠 때 쓸 수 있는 패턴입니다. 예를 들어 무언가를 하느라 엄청 바쁜 와중에 친구에게 전화가 온 상황에서 활용하기 좋아요. of 뒤에는 동명사(-ing) 대신 명사 형태도 올 수 있어요.

055.MP3

Listen & Repeat

잘 듣고 큰 소리로 따라 말해 보세요.

☐ **I'm in the middle of making dinner.**
한창 저녁 식사를 준비하는 중이에요. ★ make dinner 저녁 식사를 준비하다

☐ **I'm in the middle of playing the game.**
한창 게임 하는 중이야.

☐ **I'm in the middle of cleaning my room.**
한창 내 방 청소하는 중이야.

☐ **I'm in the middle of brewing coffee.**
한창 커피를 내리는 중이에요. ★ brew (커피를) 끓이다, 내리다

☐ **I'm in the middle of talking with him.**
한창 그와 대화하는 중이에요.

Speak & Write

주어진 우리말 문장을 영어로 말하고 써 보세요.

❶ 한창 그와 대화하는 중이에요.
I'm _____ the middle of _____ _____ him.

❷ 한창 커피를 내리는 중이에요.
I'm in the _____ _____ _____ coffee.

❸ 한창 내 방 청소하는 중이야.
I'm in the _____ of _____ my _____.

❹ 한창 게임 하는 중이야.
I'm _____ _____ _____ of _____ the game.

❺ 한창 저녁 식사를 준비하는 중이에요.
_____ _____ the middle of _____ _____.

It doesn't hurt to ~.

~해서 나쁠 거 없잖아요.

상대방에게 어떤 일을 하도록 격려하거나 권유할 때 우회적으로 말하는 패턴입니다. hurt 뒤에는 'to + 동사' 대신 'that + 주어 + 동사' 형태를 쓰는 것도 가능해요.

056.MP3

Listen & Repeat

잘 듣고 큰 소리로 따라 말해 보세요.

☐ **It doesn't hurt to ask.**
물어봐서 나쁠 거 없잖아.

☐ **It doesn't hurt to get up early.**
일찍 일어난다고 해서 나쁠 거 없잖아. ★ get up (잠자리에서) 일어나다

☐ **It doesn't hurt to take a nap.**
낮잠 잔다고 해서 나쁠 거 없잖아요. ★ take a nap 낮잠 자다

☐ **It doesn't hurt to make friends.**
친구 사귀어서 나쁠 건 없잖아요.

☐ **It doesn't hurt to tell the truth.**
진실을 말해서 나쁠 건 없잖아요.

Speak & Write

주어진 우리말 문장을 영어로 말하고 써 보세요.

❶ 낮잠 잔다고 해서 나쁠 거 없잖아요.
It doesn't _____ to _____ a _____.

❷ 진실을 말해서 나쁠 건 없잖아요.
It doesn't hurt _____ _____ the _____.

❸ 친구 사귀어서 나쁠 건 없잖아요.
It _____ hurt to _____ _____.

❹ 일찍 일어난다고 해서 나쁠 거 없잖아.
_____ doesn't hurt to _____ _____ _____.

❺ 물어봐서 나쁠 거 없잖아.
It _____ _____ _____ ask.

▶ 다음 문장을 주어진 패턴을 활용해 영어로 바꿔 말해 보세요.

I swim.
나는 수영을 해요.

1 나는 수영하는 것을 멈출 수 없어요. **I can't stop -ing**

....

2 수영할 만한 가치가 있어요. **It's worth -ing**

....

3 나는 수영을 하곤 했어요. **I used to**

....

4 수영해서 나쁠 건 없잖아요. **It doesn't hurt to**

....

5 나는 한창 수영하는 중이에요. **I'm in the middle of -ing**

....

정답 1 I can't stop swimming. 2 It's worth swimming. 3 I used to swim.
4 It doesn't hurt to swim. 5 I'm in the middle of swimming.

PHRASAL VERB get 구동사

 get은 '얻다' 혹은 '움직여서 어떠한 상태가 되다'라는 기본 의미를 가지고 있습니다. **get on**은 '움직여서(get) 붙다(on)'인데, 우리가 버스나 기차를 타는 것은 그 교통수단에 붙어서 이동하는 것이므로 '타다'라는 의미로 쓰입니다. 반대로 **get off**는 '움직여서(get) 떨어지다(off)', 즉 타고 있던 기차나 버스에서 떨어지는 것이므로 '내리다'라는 뜻이 되죠. 회사에서 움직여서 떨어지면 '퇴근하다'라는 의미도 됩니다. 한편 **get over**는 '움직여서(get) 넘어가다(over)'입니다. 어려운 상황이나 감정 등을 잘 넘어가는 것, 즉 '극복하다, 이겨내다'라는 의미입니다. **get along**은 '따라서(along) 움직이다(get)'인데, 다른 사람들을 따라 움직이는 거니까 '잘 어울려 지내다'라는 의미이죠. '~와 잘 지내다'라고 할 때는 이 뒤에 **with**를 씁니다. 마지막으로 **get back**은 '움직여서(get) 돌려놓다(back)'입니다. 말 그대로 움직여서 무언가를 원래 자리로 되돌려 놓는 것이니 '되찾다, 돌려받다'라는 의미가 되죠.

STEP 1 **Listen & Repeat** 잘 듣고 따라 말해 보세요.   ▶ 058.MP3

get on (버스·기차를) 타다	**We'll get on the bus on time.** 우리는 정시에 버스를 **탈** 거야.
get off (버스·기차에서) 내리다	**We have to get off the train soon.** 우리는 곧 기차에서 **내려야** 해.
get over (어려움을) 극복하다	**I'll get over the trauma.** 나는 그 트라우마를 **극복할** 거야.
get along (사람들과) 잘 지내다 (with)	**I get along with everyone.** 저는 모두와 **잘 지내요.**
get back 되찾다, 돌려받다	**I want to get my money back.** 내 돈을 **돌려받고** 싶어요.

STEP 2 — Fill in the blanks 주어진 우리말 문장을 영어로 써 보세요.

1 우리는 곧 기차에서 내려야 해.

We have to _____ the train soon.

2 내 돈을 돌려받고 싶어요.

I want to _____ my money _____ .

3 나는 그 트라우마를 극복할 거야.

I'll _____ the trauma.

4 우리는 정시에 버스를 탈 거야.

We'll _____ the bus on time.

5 저는 모두와 잘 지내요.

I _____ with everyone.

STEP 3 — Speak & Write 주어진 우리말 문장을 영어로 바꿔 말하고 써 보세요.

059.MP3
★ 정답 274쪽

1 내 지갑을 돌려받고 싶어요. (wallet)

_____

2 저는 젊은 사람들과 잘 지내요.

_____

3 우리는 곧 버스에서 내려야 해.

_____

4 우리는 정시에 기차를 탈 거야.

_____

5 나는 내 병을 극복할 거야. (disease)

_____

Exercise 1

▶ 앞에서 배운 문장을 활용해 다음 대화를 완성해 보세요.

1

A Do we really have to get up at 6:00 tomorrow?

우리 내일 진짜 6시에 일어나야 돼?

B That's true.

사실이야. 일찍 일어난다고 해서 나쁠 거 없잖아.

2

A I didn't know you're having a hard time.

네가 힘든 시간을 보내고 있다는 걸 몰랐어.

B It's no big deal.

별일 아니야. 난 그 트라우마를 극복할 거야.

3

A Wow! Your English is perfect!

와! 네 영어는 완벽해!

B Thanks a lot. Actually,

정말 고마워. 실은, 난 캐나다에서 살았었어.

4

A How's your new company life?

새로운 회사 생활은 어때요?

B Everything is great.

모든 게 아주 좋아요. 저는 모두와 잘 지내요.

★ 정답 274쪽

5

A Are you still reading the book?

그 책을 아직도 읽고 있니?

B Yes.

응. 이 책은 읽을 만한 가치가 있어.

6

A Can I talk to you a little bit more?

당신과 조금만 더 이야기할 수 있을까요?

B I'm sorry.

죄송해요. 우리는 곧 기차에서 내려야 해요.

7

A Can you help me with my homework?

내 숙제 좀 도와줄래?

B I can't.

못 할 것 같아. 한창 내 방을 청소하는 중이거든.

8

A You have already used it. We can't give you a refund.

이미 물건을 사용하셨네요. 저희는 환불을 해드릴 수 없습니다.

B No way!

말도 안돼요! 내 돈을 돌려받고 싶어요!

060.MP3

★ MP3 파일을 듣고 대화를 따라 말해 보세요.

Exercise 2

★ 정답 274쪽

▶ 패턴과 구동사를 조합해 다음 문장을 말해 보세요.

1
나는 여기서 기차를 내리곤 했어.
I used to + get off

2
나는 한창 이별을 극복하는 중이에요. (breakup)
I'm in the middle of -ing + get over

3
그들과 잘 어울려 지내는 걸 멈출 수 없어요.
I can't stop -ing + get along

4
기차를 일찍 탄다고 해서 나쁠 거 없잖아요.
It doesn't hurt to + get on

5
그 책은 돌려받을 만한 가치가 있어.
It's worth -ing + get back

061.MP3

★ MP3 파일을 듣고 문장을 따라 말해 보세요.

7th WEEK

DAY 031   **I can't help -ing ~.**

DAY 032   **You're not allowed to ~.**

DAY 033   **Is it okay if I ~?**

DAY 034   **I never thought I would ~.**

DAY 035   **When was the last time ~?**

DAY
031

I can't help -ing ~.

~하지 않을 수가 없어요.

본인의 의지와는 상관없이 어떤 행동을 하게 되는 상황일 때 쓰는 패턴입니다. help(돕다)에는 '피하다'라는 의미도 있습니다. 무언가를 하는 것을 피할 수 없다는 말은 '~을 할 수밖에 없다'는 것이죠. 참고로 I can't help but + 동사. 형태로도 쓸 수 있습니다.

062.MP3

Listen & Repeat

잘 듣고 큰 소리로 따라 말해 보세요.

I can't help eating fried food.
튀긴 음식을 안 먹을 수가 없어.

I can't help closing my eyes.
내 눈을 안 감을 수가 없어.

I can't help waiting for him.
그를 기다릴 **수밖에 없어요.**

I can't help hiring new employees.
새로운 직원들을 고용하지 **않을 수가 없어요.**   ★ hire 고용하다

I can't help falling in love with her.
그녀와 사랑에 빠지**지 않을 수가 없어요.**   ★ fall in love with ~와 사랑에 빠지다

Speak & Write

주어진 우리말 문장을 영어로 말하고 써 보세요.

❶ 그를 기다릴 수밖에 없어요.
I _____ help _____ _____ him.

❷ 그녀와 사랑에 빠지지 않을 수가 없어요.
I can't _____ _____ in love _____ her.

❸ 튀긴 음식을 안 먹을 수가 없어.
I _____ _____ _____ fried food.

❹ 새로운 직원들을 고용하지 않을 수가 없어요.
I can't _____ _____ new _____.

❺ 내 눈을 안 감을 수가 없어.
I _____ _____ _____ my _____.

032
You're not allowed to ~.

당신은 ~할 수 없어요.

상대방에게 어떠한 행동을 하는 것이 허락되지 않는다, 즉 무언가를 할 수 없다고 말할 때 쓰는 패턴입니다. not을 빼고 You're allowed to...라고 하면 '당신은 ~할 수 있어요'라는 반대 의미가 되죠.

063.MP3

Listen & Repeat

잘 듣고 큰 소리로 따라 말해 보세요.

☐ **You're not allowed to smoke here.**
당신은 여기서 담배를 피울 **수 없어요.**

☐ **You're not allowed to work at night.**
당신은 밤에는 일할 **수 없어요.**

☐ **You're not allowed to visit America.**
당신은 미국을 방문할 **수 없습니다.**

☐ **You're not allowed to talk about that.**
당신은 그것에 대해 이야기**하면 안 돼요.**

☐ **You're not allowed to bring your friends.**
당신은 친구들을 데려올 **수 없어요.**

 주어진 우리말 문장을 영어로 말하고 써 보세요.

Speak & Write

❶ 당신은 친구들을 데려올 수 없어요.
You're _____ allowed to _____ your _____.

❷ 당신은 미국을 방문할 수 없습니다.
You're not _____ _____ _____ America.

❸ 당신은 여기서 담배를 피울 수 없어요.
_____ not allowed to _____ _____.

❹ 당신은 그것에 대해 이야기하면 안 돼요.
You're _____ _____ _____ talk _____ that.

❺ 당신은 밤에는 일할 수 없어요.
_____ not allowed to _____ _____ _____.

DAY 033

Is it okay if I ~?

제가 ~해도 괜찮을까요?

상대방에게 조심스럽게 양해를 구하거나 무언가를 부탁할 때 쓰는 패턴입니다. 같은 의미로 okay 대신 all right를 넣어서 Is it all right if I...? 패턴으로 물어봐도 됩니다.

064.MP3

Listen & Repeat

잘 듣고 큰 소리로 따라 말해 보세요.

Is it okay if I sit here?
제가 여기 앉아도 될까요?

Is it okay if I take a taxi?
제가 택시를 타도 괜찮을까요?

Is it okay if I use the bathroom?
제가 화장실을 사용해도 괜찮을까요?

Is it okay if I call you tomorrow?
제가 내일 전화드려도 될까요?

Is it okay if I tell you my opinion?
제 의견을 말씀드려도 될까요?

Speak & Write

주어진 우리말 문장을 영어로 말하고 써 보세요.

❶ 제 의견을 말씀드려도 될까요?
Is it _____ if I _____ you my _____?

❷ 제가 화장실을 사용해도 괜찮을까요?
Is it _____ _____ I use the _____?

❸ 제가 여기 앉아도 될까요?
Is _____ _____ if I _____ here?

❹ 제가 내일 전화드려도 될까요?
Is it okay if I _____ _____ _____?

❺ 제가 택시를 타도 괜찮을까요?
_____ _____ _____ if I _____ a taxi?

I never thought I would ~.

내가 ~할 거라고는 전혀 생각도 못 했어요.

스스로도 전혀 예상하지 못했던 행동을 본인이 했거나 어떤 일을 당하게 되었을 때 쓰는 패턴입니다. never를 빼고 I thought I would...라고 하면 '내가 ~할 거라고 생각했어요'라는 의미가 되니 같이 알아 두세요.

065.MP3

Listen & Repeat

잘 듣고 큰 소리로 따라 말해 보세요.

☐ **I never thought I would get fired.**
제가 해고될 거라고는 전혀 생각도 못 했어요. ★ get fired 해고되다

☐ **I never thought I would marry him.**
난 그와 결혼할 거라고는 전혀 생각도 못 했어.

☐ **I never thought I would be on TV.**
내가 TV에 나올 거라고는 전혀 생각도 못 했어요.

☐ **I never thought I would win the lottery.**
내가 복권에 당첨될 거라고는 전혀 생각도 못 했어요. ★ win the lottery 복권에 당첨되다

☐ **I never thought I would sing on stage.**
내가 무대에서 노래할 거라고는 전혀 생각도 못 했어요. ★ stage 무대

Speak & Write

주어진 우리말 문장을 영어로 말하고 써 보세요.

❶ 내가 무대에서 노래할 거라고는 전혀 생각도 못 했어요.
I never thought I _____ _____ on _____.

❷ 내가 복권에 당첨될 거라고는 전혀 생각도 못 했어요.
I _____ thought I would _____ the _____.

❸ 난 그와 결혼할 거라고는 전혀 생각도 못 했어.
I _____ thought I _____ _____ him.

❹ 제가 해고될 거라고는 전혀 생각도 못 했어요.
I never _____ I would _____ _____.

❺ 내가 TV에 나올 거라고는 전혀 생각도 못 했어요.
I never thought I _____ be _____ _____.

DAY 035

When was the last time ~?

언제 마지막으로 ~했나요?

어떤 일을 마지막으로 한 시점을 물어볼 때 쓰는 패턴입니다. 뒤에는 '주어 + 과거동사' 형태가 오죠. 과거에 했던 마지막 경험을 묻는 질문이기 때문에 동사는 꼭 과거형으로 써야 한다는 거 잊지 마세요!

066.MP3

Listen & Repeat

잘 듣고 큰 소리로 따라 말해 보세요.

☐ **When was the last time we hung out?**
마지막으로 우리가 시간을 함께 보낸 게 언제였지?   ★ hang out 함께 시간을 보내다, 어울려 놀다

☐ **When was the last time he called you?**
언제 마지막으로 그가 너한테 전화했니?

☐ **When was the last time you went to the movies?**
언제 마지막으로 영화 보러 가셨나요?

☐ **When was the last time they played basketball?**
마지막으로 걔네가 농구를 한 게 언제였어?

☐ **When was the last time you went on a business trip?**
언제 마지막으로 출장을 가셨나요?

Speak & Write

주어진 우리말 문장을 영어로 말하고 써 보세요.

❶ 언제 마지막으로 그가 너한테 전화했니?
When _____ the last time _____ _____ you?

❷ 마지막으로 걔네가 농구를 한 게 언제였어?
_____ was the last time they _____ _____?

❸ 마지막으로 우리가 시간을 함께 보낸 게 언제였지?
_____ was the last time we _____ _____?

❹ 언제 마지막으로 출장을 가셨나요?
When _____ the _____ time you went on a _____ trip?

❺ 언제 마지막으로 영화 보러 가셨나요?
When was the _____ _____ you _____ to the _____?

▶ 다음 문장을 주어진 패턴을 활용해 영어로 바꿔 말해 보세요.

I drive his car.
난 그의 차를 운전해요.

1 내가 그의 차를 운전할 거라고는 전혀 생각도 못 했어요.
I never thought I would

....

2 난 그의 차를 운전하지 않을 수가 없어요. **I can't help -ing**

....

3 언제 마지막으로 그의 차를 운전했나요? **When was the last time**

....

4 제가 그의 차를 운전해도 괜찮을까요? **Is it okay if I**

....

5 당신은 그의 차를 운전할 수 없어요. **You're not allowed to**

....

정답 1 I never thought I would drive his car. 2 I can't help driving his car.
3 When was the last time you drove his car? 4 Is it okay if I drive his car?
5 You're not allowed to drive his car.

turn 구동사

 turn은 '돌리다, 돌다'라는 뜻의 동사입니다. turn up은 '위로(up) 돌리다(turn)' 인데, 예전에는 음악 소리나 온도, 빛의 밝기 등을 바꿀 때 다이얼을 돌려서 조절했죠. 다이얼을 위로 돌리는 거니까 '(소리, 온도 등을) 올리다'라는 의미가 됩니다. 반대로 turn down은 다이얼을 '아래로(down) 돌리다(turn)'이므로 '(소리, 온도 등을) 낮추다'란 뜻이 되죠. 누군가의 제안이나 부탁을 아래로 돌려 놓는 것은 '거절하다'라는 의미도 됩니다. 한편 turn into는 '돌려서(turn) 어떠한 상태 안으로(into) 들어가다'라는 것이므로, 무언가로 '변하다'라는 의미로 쓰입니다. turn in은 '돌려서(turn) 안으로(in) 넣다'인데, 보고서나 숙제를 돌려서 안으로 넣는다? '제출하다'라는 의미이죠. 마지막으로 turn around는 '돌아서(turn) 방향을 바꾸다(around)'입니다. 하락세였던 상황이 방향을 바꾸면 상승세로 돌아가게 되죠. 따라서 '호전되다, 개선되다'라는 의미를 갖습니다.

STEP 1 **Listen & Repeat** 잘 듣고 따라 말해 보세요. ▶ 068.MP3

turn up (소리·온도를) 높이다	**Could you turn up the volume?** 볼륨을 올려 주실래요?
turn down (제안·부탁 등을) 거절하다	**They turned down my proposal.** 그들은 내 제안을 거절했어요.
turn into ~으로 변하다	**My vacation turned into a nightmare.** 내 휴가는 악몽으로 변했어.
turn in 제출하다	**I turned in my report yesterday.** 난 어제 내 보고서를 제출했어요.
turn around (상황이) 호전되다	**The economy will turn around.** 경제가 호전될 거예요.

★ 정답 275쪽

STEP 2 **Fill in the blanks** 주어진 우리말 문장을 영어로 써 보세요.

1 그들은 내 제안을 거절했어요.
They _____ my proposal.

2 경제가 호전될 거예요.
The economy will _____.

3 내 휴가는 악몽으로 변했어.
My vacation _____ a nightmare.

4 볼륨을 올려 주실래요?
Could you _____ the volume?

5 난 어제 내 보고서를 제출했어요.
I _____ my report yesterday.

STEP 3 **Speak & Write** 주어진 우리말 문장을 영어로 바꿔 말하고 써 보세요. ▶ 069.MP3

1 그들은 내 초대를 거절했어요. (invitation)

_____

2 그의 사업은 호전될 거예요.

_____

3 난 어제 내 숙제를 제출했어요.

_____

4 내 생일은 악몽으로 변했어.

_____

5 온도를 올려 주실래요? (temperature)

_____

Exercise 1

▶ 앞에서 배운 문장을 활용해 다음 대화를 완성해 보세요.

1 **A** **Congratulations on your wedding!**
결혼 축하해!

B **Thank you.**
고마워. 그와 결혼할 거라고는 전혀 생각도 못 했어.

2 **A** **How was the meeting with the clients?**
고객들과의 회의는 어땠어요?

B **Not good.**
좋지 않았어요. 그들은 내 제안을 거절했어요.

3 **A** **Can I smoke here?**
여기서 담배 피워도 되나요?

B **Again?**
또요? 당신은 여기서 담배를 피울 수 없어요.

4 **A** **Can you meet the deadline?**
마감일에 맞출 수 있겠어요?

B **Actually,**
사실, 저는 어제 제 보고서를 제출했어요.

5

A Well...

음... 제 의견을 말씀드려도 될까요?

B Sure. Feel free to tell me anything about this design.

물론이죠. 이 디자인에 대해 무엇이든 편히 말씀해 주세요.

6

A Did you enjoy your vacation?

휴가는 잘 즐겼니?

B No, it was terrible.

아니, 끔찍했어. 내 휴가는 악몽으로 변했어.

7

A

언제 마지막으로 출장을 가셨나요?

B It was last month.

지난달에요.

8

A Do you want to listen to his new song?

그의 신곡을 들어 보실래요?

B Sure!

물론이죠! 볼륨을 올려 주실래요?

070.MP3

★ MP3 파일을 듣고 대화를 따라 말해 보세요.

Exercise 2

★ 정답 275쪽

▶ 패턴과 구동사를 조합해 다음 문장을 말해 보세요.

1 그들의 요청을 거절하지 않을 수가 없어. (request)
I can't help -ing + turn down

2 제가 볼륨을 올려도 괜찮을까요?
Is it okay if I + turn up

3 당신은 지원서를 제출하실 수 없어요. (application)
You're not allowed to + turn in

4 내가 좋은 아버지로 변할 거라고는 전혀 생각도 못 했어.
I never thought I would + turn into

5 마지막으로 주택 시장이 호전된 게 언제였나요? (housing market)
When was the last time + turn around

071.MP3

★ MP3 파일을 듣고 문장을 따라 말해 보세요.

8th
WEEK

DAY 036   **I'm used to -ing ~.**

DAY 037   **Is there any chance ~?**

DAY 038   **It doesn't matter if ~.**

DAY 039   **I'm willing to ~.**

DAY 040   **Don't bother to ~.**

I'm used to -ing ~.

나는 ~하는 게 익숙해요.

어떠한 행위를 하는 것이 익숙해졌다는 것을 표현할 때 쓰는 패턴입니다. 이때 to 다음에는 동사원형을 쓰면 안 되고, 꼭 동명사(-ing)를 써 주셔야 해요. I used to + 동사원형.은 '(과거에) ~하곤 했어요'라는 뜻이니 헷갈리지 마세요.

072.MP3

Listen & Repeat

잘 듣고 큰 소리로 따라 말해 보세요.

☐ **I'm used to traveling alone.**
나는 혼자 여행하는 게 **익숙해.**

☐ **I'm used to wearing a suit.**
나는 정장을 입는 게 **익숙해.**   ★ suit 정장

☐ **I'm used to talking in English.**
나는 영어로 대화하는 게 **익숙해요.**

☐ **I'm used to working in a group.**
저는 팀으로 일하는 게 **익숙해요.**

☐ **I'm used to drinking coffee in the morning.**
나는 아침에 커피 마시는 게 **익숙해요.**

Speak & Write

주어진 우리말 문장을 영어로 말하고 써 보세요.

❶ 나는 아침에 커피 마시는 게 익숙해요.
I'm used _____ _____ coffee in the _____.

❷ 나는 정장을 입는 게 익숙해.
_____ used _____ _____ a _____.

❸ 나는 영어로 대화하는 게 익숙해요.
I'm _____ to _____ _____ English.

❹ 나는 혼자 여행하는 게 익숙해.
I'm _____ _____ _____ alone.

❺ 저는 팀으로 일하는 게 익숙해요.
_____ used to _____ _____ a _____.

Is there any chance ~?

~할 가능성이 있나요?

어떠한 상황이 혹시 일어날 가능성이 있는지 물어볼 때 쓰는 패턴입니다. chance 뒤에 that절이 나오는데, that은 흔히 생략하고 '주어 + 동사'가 바로 나와요. chance에는 '기회'라는 의미 외에도 '가능성'이란 의미가 있으니 이번 기회에 꼭 기억해 두세요.

073.MP3

Listen & Repeat

잘 듣고 큰 소리로 따라 말해 보세요.

Is there any chance it will snow today?
혹시 오늘 눈이 올 **가능성이 있을까**?

Is there any chance I can go home early?
혹시 내가 집에 일찍 갈 수 **있을까요**?

Is there any chance she will give up her job?
그녀가 일을 그만둘 **가능성이 있을까요**?

Is there any chance they can buy my house?
그들이 제 집을 살 수 있는 **가능성이 있나요**?

Is there any chance I can get a scholarship?
내가 장학금을 받을 수 있는 **가능성이 있을까요**? ★ scholarship 장학금

Speak & Write

주어진 우리말 문장을 영어로 말하고 써 보세요.

❶ 혹시 내가 집에 일찍 갈 수 있을까요?
Is there _____ _____ I can go home _____?

❷ 내가 장학금을 받을 수 있는 가능성이 있을까요?
_____ _____ any chance I can get a _____?

❸ 그녀가 일을 그만둘 가능성이 있을까요?
Is there any _____ she will _____ _____ her job?

❹ 혹시 오늘 눈이 올 가능성이 있을까?
Is there _____ chance it _____ _____ today?

❺ 그들이 제 집을 살 수 있는 가능성이 있나요?
Is _____ any _____ they can _____ my house?

103

DAY 038

It doesn't matter if ~.

~라고 해도 상관없어요.

어떠한 행동이나 상황이 크게 문제 되지 않는다고 말할 때 쓰는 패턴입니다. 여기서 matter는 '중요하다'라는 의미인데요, 무슨 일이 발생해도 중요하지 않다는 것이니 '상관없다'라는 의미로 이해하면 됩니다.

074.MP3

Listen & Repeat

잘 듣고 큰 소리로 따라 말해 보세요.

☐ **It doesn't matter if it's expensive.**
그게 비싸더라도 **상관없어.**

☐ **It doesn't matter if he's married.**
그가 결혼을 했어도 **상관없어요.**

☐ **It doesn't matter if she hates me.**
그녀가 날 미워**해도 상관없어.**

☐ **It doesn't matter if they skip my class.**
그들이 내 수업을 빼먹어도 **상관없어요.**   ★ skip 빼먹다, 건너뛰다

☐ **It doesn't matter if you are right or wrong.**
당신이 옳았건 틀렸건 **상관없어요.**

Speak & Write

주어진 우리말 문장을 영어로 말하고 써 보세요.

❶ 그녀가 날 미워해도 상관없어.
It doesn't _____ _____ she _____ me.

❷ 당신이 옳았건 틀렸건 상관없어요.
It _____ matter if you are _____ or _____.

❸ 그가 결혼을 했어도 상관없어요.
It _____ _____ _____ he's _____.

❹ 그게 비싸더라도 상관없어.
It _____ _____ if it's _____.

❺ 그들이 내 수업을 빼먹어도 상관없어요.
It doesn't _____ _____ they _____ my class.

I'm willing to ~.

나는 기꺼이 ~할 용의가[의향이] 있어요.

어떠한 일을 자발적으로 기꺼이 할 의향이 있음을 나타낼 때 쓰는 패턴입니다. 참고로 뒤에 if절을 붙여 I'm willing to ~ if...(만약에 ...한다면 기꺼이 ~할 용의가 있어요) 형태로도 많이 씁니다.

075.MP3

Listen & Repeat

잘 듣고 큰 소리로 따라 말해 보세요.

☐ **I'm willing to help you.**
기꺼이 널 도와줄게.

☐ **I'm willing to forgive you.**
나는 기꺼이 당신을 용서할게요.

☐ **I'm willing to take risks.**
나는 기꺼이 위험을 감수할 용의가 있어요. ★ take a risk 위험을 감수하다

☐ **I'm willing to pay for dinner.**
나는 기꺼이 저녁을 살 의향이 있어. ★ pay for ~의 값을 지불하다

☐ **I'm willing to join this project.**
나는 기꺼이 이 프로젝트에 참여할 용의가 있어요.

Speak & Write

주어진 우리말 문장을 영어로 말하고 써 보세요.

❶ 나는 기꺼이 저녁을 살 의향이 있어.
_____ willing to _____ _____ dinner.

❷ 나는 기꺼이 이 프로젝트에 참여할 용의가 있어요.
I'm _____ to _____ this _____.

❸ 나는 기꺼이 위험을 감수할 용의가 있어요.
I'm _____ to _____ _____.

❹ 기꺼이 널 도와줄게.
_____ _____ _____ help you.

❺ 나는 기꺼이 당신을 용서할게요.
I'm _____ _____ _____ you.

D A Y
040

Don't bother to ~.

애써[굳이] ~할 필요 없어요.

상대가 어떠한 행동을 너무 애써서 할 필요가 없음을 말할 때 쓰는 패턴입니다.
bother 뒤에 'to + 동사' 대신 동명사(-ing)를 쓰는 것도 가능합니다. 참고로
Don't bother!라고만 하면 '괜찮아!', '신경 쓰지 마!'라는 의미입니다.

076.MP3

**Listen &
Repeat**

잘 듣고 큰 소리로 따라 말해 보세요.

☐ **Don't bother to wake me up.**
애써 날 깨울 필요 없어. ★ wake ~ up ~을 잠에서 깨우다

☐ **Don't bother to wait for me.**
굳이 저를 기다리실 필요 없어요.

☐ **Don't bother to wear a white shirt.**
굳이 하얀 셔츠를 입을 필요 없어요.

☐ **Don't bother to make an excuse.**
애써 변명할 필요 없어요.

☐ **Don't bother to look after my kids.**
굳이 제 아이들을 돌보실 필요 없어요. ★ look after ~을 돌보다

**Speak &
Write**

주어진 우리말 문장을 영어로 말하고 써 보세요.

❶ 굳이 저를 기다리실 필요 없어요.
Don't _____ to _____ _____ me.

❷ 굳이 제 아이들을 돌보실 필요 없어요.
Don't _____ to _____ _____ my _____.

❸ 굳이 하얀 셔츠를 입을 필요 없어요.
Don't bother _____ _____ a _____ shirt.

❹ 애써 날 깨울 필요 없어.
_____ _____ to _____ me _____.

❺ 애써 변명할 필요 없어요.
Don't _____ to _____ an _____.

▶ 다음 문장을 주어진 패턴을 활용해 영어로 바꿔 말해 보세요.

I play golf.
나는 골프를 쳐요.

1 나는 기꺼이 골프를 칠 의향이 있어요. **I'm willing to**

....

2 애써 골프를 칠 필요 없어요. **Don't bother to**

....

3 난 골프를 치는 게 익숙해요. **I'm used to -ing**

....

4 그녀가 골프를 쳐도 상관없어요. **It doesn't matter if**

....

5 그가 골프를 칠 수 있는 가능성이 있나요? **Is there any chance**

....

정답 1 I'm willing to play golf. 2 Don't bother to play golf. 3 I'm used to playing golf.
4 It doesn't matter if she plays golf. 5 Is there any chance he can play golf?

bring 구동사

 bring의 기본 의미는 '가져오다, 가져가다'입니다. bring up은 '위로(up) 가져 오다(bring)'인데, 회의 중에 어떤 이야기를 위로 가져온다? 즉, '(화제를) 꺼내 다'라는 뜻이죠. bring down은 '아래로(down) 가져오다(bring)'인데요, 가격이나 수량 을 아래로 가져오면 '내리다', 사람의 마음을 아래로 가지고 내려오면 '실망시키다, 우울 하게 하다'라는 의미로 쓰입니다. 한편 bring back은 '되돌려(back) 가져오다(bring)'인 데, 다시 되돌려 가져오는 것이 기억이라면 '생각나게 하다'라는 의미이죠. bring out은 '밖으로(out) 가져오다(bring)'이므로 밖을 향해 새로운 제품을 '선보이다'라는 의미로 쓰 입니다. 마지막으로 bring in은 '안으로(in) 가져오다(bring)'입니다. 돈을 안으로 가져오 면 '벌어들이다', 법이나 제도를 안으로 가져오면 '도입하다'라는 의미로 쓰입니다.

STEP 1 **Listen & Repeat** 잘 듣고 따라 말해 보세요. ▶ 078.MP3

bring up (화제·의견 등을) 꺼내다	**I'll bring up the issue.** 제가 그 사안을 **꺼낼게요.**
bring down 실망시키다, 우울하게 하다	**Don't bring me down.** 날 **실망시키지** 마.
bring back 기억나게 하다	**This picture brings back good memories.** 이 그림은 좋은 추억들을 **기억나게 해.**
bring out (새로운 것을) 선보이다	**She brought out her new album.** 그녀는 새로운 앨범을 **선보였어요.**
bring in (돈을) 벌어들이다	**They brought in 1 million dollars last year.** 그들은 작년에 백만 달러를 **벌어들였어요.**

STEP 2 **Fill in the blanks** 주어진 우리말 문장을 영어로 써 보세요.

1 날 실망시키지 마.
Don't _____ me _____.

2 그들은 작년에 백만 달러를 벌어들였어요.
They _____ 1 million dollars last year.

3 이 그림은 좋은 추억들을 기억나게 해.
This picture _____ good memories.

4 제가 그 사안을 꺼낼게요.
I'll _____ the issue.

5 그녀는 새로운 앨범을 선보였어요.
She _____ her new album.

STEP 3 **Speak & Write** 주어진 우리말 문장을 영어로 바꿔 말하고 써 보세요. 079.MP3
★ 정답 275쪽

1 이 그림은 내 어린 시절을 기억나게 해. (childhood)
_____

2 그녀는 신제품을 선보였어요.
_____

3 그들은 작년에 10억 달러를 벌어들였어요. (billion)
_____

4 내 친구들을 실망시키지 마.
_____

5 제가 그 주제를 꺼낼게요. (topic)
_____

Exercise 1

▶ 앞에서 배운 문장을 활용해 다음 대화를 완성해 보세요.

1

A   Will you buy me dinner tonight?
당신이 오늘 밤에 저녁을 살 거예요?

B   I owe you a lot.
제가 당신에게 신세를 많이 졌는걸요. 저는 기꺼이 저녁을 살 의향이 있어요.

2

A   I have good news.
좋은 소식이 있어. 그녀가 새로운 앨범을 선보였어.

B   Really? I can't wait to listen to her new songs!
정말? 그녀의 신곡들을 얼른 듣고 싶어!

3

A   Can I choose anything that I want for my birthday present?
생일선물로 내가 원하는 건 뭐든지 고를 수 있어?

B   Whatever you want!
원하는 거면 뭐든지! 그게 비싸더라도 상관없어.

4

A   I think you love this picture.
이 그림을 엄청 좋아하시는 것 같아요.

B   Yeah, I love it.
네, 아주 좋아해요. 이 그림은 좋은 추억들을 기억나게 해요.

5

A How long will it take to finish the work?

그 일을 끝내는 데 얼마나 걸릴까요?

B It will take very long.

아주 오래 걸릴 거예요. 굳이 절 기다리실 필요 없어요.

6

A Can we discuss the issue in today's meeting?

오늘 회의에서 그 사안을 논의할 수 있을까요?

B Absolutely.

당연하죠. 제가 그 사안을 꺼낼게요.

7

A His company is growing very quickly.

그의 회사가 매우 빠르게 성장하고 있네요.

B Believe it or not,

믿기 힘들겠지만, 그들은 작년에 백만 달러를 벌어들였어요.

8

A Did you really get straight A's?

너 정말 전 과목 A를 받았니?

B I did.

맞아. 내가 장학금을 받을 수 있는 가능성이 있을까?

080.MP3

★ MP3 파일을 듣고 대화를 따라 말해 보세요.

Exercise 2

★ 정답 276쪽

▶ 패턴과 구동사를 조합해 다음 문장을 말해 보세요.

1
나는 신제품들을 선보이는 게 익숙해요.
I'm used to -ing + bring out

2
그들이 날 실망시켜도 상관없어.
It doesn't matter if + bring down

3
저는 기꺼이 그 사안을 꺼낼 용의가 있어요.
I'm willing to + bring up

4
애써 10억 달러를 벌어들일 필요 없어요.
Don't bother to + bring in

5
그 사진이 내 어린 시절을 기억나게 할 가능성이 있나요? (photo)
Is there any chance + bring back

081.MP3

★ MP3 파일을 듣고 문장을 따라 말해 보세요.

9th WEEK

DAY 041 **I made my best effort to ~.**

DAY 042 **I managed to ~.**

DAY 043 **I was wondering if you could ~.**

DAY 044 **I was thinking about -ing ~.**

DAY 045 **I can't thank you enough for ~.**

I made my best effort to ~.

~하기 위해 심혈을 기울였어요.

무언가를 하기 위해서 최선을 다했음을 표현할 때 쓰는 패턴입니다. make an effort가 '노력하다'라는 뜻이니까 made my best effort는 '최고로 노력했다', 즉 '심혈을 기울였다', '최선을 다했다'라는 의미가 되는 거죠.

082.MP3

Listen & Repeat

잘 듣고 큰 소리로 따라 말해 보세요.

☐ **I made my best effort to pass the exam.**
시험에 합격하기 위해 최선을 다했어요.

☐ **I made my best effort to fix my computer.**
내 컴퓨터를 고치려고 최선을 다했어.

☐ **I made my best effort to win a scholarship.**
장학금을 타기 위해 심혈을 기울였어요.

☐ **I made my best effort to develop the product.**
그 제품을 개발하는 데 심혈을 기울였어요.

☐ **I made my best effort to make my dream come true.**
제 꿈을 실현시키기 위해 최선을 다했어요.　★ come true 실현되다

Speak & Write

주어진 우리말 문장을 영어로 말하고 써 보세요.

❶ 내 컴퓨터를 고치려고 최선을 다했어.
I made my _____ effort to _____ my _____.

❷ 제 꿈을 실현시키기 위해 최선을 다했어요.
I made my best effort to make my dream _____ _____.

❸ 장학금을 타기 위해 심혈을 기울였어요.
I made my best _____ to _____ a _____.

❹ 시험에 합격하기 위해 최선을 다했어요.
I _____ my best effort to _____ the _____.

❺ 그 제품을 개발하는 데 심혈을 기울였어요.
I made my _____ _____ to _____ the _____.

I managed to ~.

나는 간신히 ~했어요.

힘들고 어려운 일을 겨우 해냈음을 나타내는 패턴입니다. 보통 manage 하면 manager(관리자), management(관리)처럼 '관리하다'라는 의미를 가장 먼저 떠올릴 텐데, 어려운 일을 '간신히 해내다'라는 의미도 있으니 꼭 알아 두세요.

083.MP3

Listen & Repeat

잘 듣고 큰 소리로 따라 말해 보세요.

☐ **I managed to** finish my work.
나는 간신히 내 일을 끝냈어.

☐ **I managed to** get on the train.
나는 간신히 그 기차에 탔어.

☐ **I managed to** submit the report.
나는 간신히 보고서를 제출했어요.

☐ **I managed to** arrive there on time.
나는 간신히 그곳에 정시에 도착했어요.

☐ **I managed to** persuade my parents.
저는 간신히 우리 부모님을 설득했어요.   ★ persuade 설득하다

Speak & Write

주어진 우리말 문장을 영어로 말하고 써 보세요.

❶ 나는 간신히 그 기차에 탔어.
I managed to _____ _____ the _____.

❷ 나는 간신히 보고서를 제출했어요.
I _____ to _____ the _____.

❸ 저는 간신히 우리 부모님을 설득했어요.
I managed _____ _____ my _____.

❹ 나는 간신히 내 일을 끝냈어.
I _____ _____ _____ my work.

❺ 나는 간신히 그곳에 정시에 도착했어요.
I _____ _____ arrive there _____ _____.

I was wondering if you could ~.
~하실 수 있을지 해서요.

상대방에게 무언가를 공손하게 요청하거나 부탁할 때 쓰는 패턴입니다. 시제는 과거형이지만, 실제로는 현재 상황에서 부탁할 때 쓰는 패턴이니 주의하세요.

084.MP3

Listen & Repeat

잘 듣고 큰 소리로 따라 말해 보세요.

I was wondering if you could help me.
저를 도와주실 수 있을지 해서요.

I was wondering if you could call me later.
나중에 제게 전화 주실 수 있을지 해서요.

I was wondering if you could do me a favor.
제 부탁 하나 들어주실 수 있을지 해서요. ★ do ~ a favor ~의 부탁을 들어주다

I was wondering if you could carry this for me.
저 대신 이것 좀 옮겨 주실 수 있을지 해서요.

I was wondering if you could have dinner with me.
저와 함께 저녁 식사를 하실 수 있을지 해서요.

Speak & Write

주어진 우리말 문장을 영어로 말하고 써 보세요.

❶ 나중에 제게 전화 주실 수 있을지 해서요.
I was _____ if you _____ call me _____.

❷ 저와 함께 저녁 식사를 하실 수 있을지 해서요.
I was wondering _____ you could _____ _____ with me.

❸ 제 부탁 하나 들어주실 수 있을지 해서요.
I was _____ if you could _____ _____ a _____.

❹ 저를 도와주실 수 있을지 해서요.
I was wondering _____ you _____ _____ me.

❺ 저 대신 이것 좀 옮겨 주실 수 있을지 해서요.
I _____ wondering if you _____ _____ this for me.

I was thinking about -ing ~.

~할까 생각 중이었어요.

과거에 어떠한 행동을 할지 말지 고민하고 있었음을 나타낼 때 쓰는 패턴입니다. 참고로 미래에 어떠한 행동을 할지 말지 고민된다고 할 때는 현재진행 시제를 써서 I'm thinking about....이라고 하면 됩니다.

085.MP3

Listen & Repeat

잘 듣고 큰 소리로 따라 말해 보세요.

I was thinking about buying a new bag.
새 가방을 살**까 생각 중이었어.**

I was thinking about taking a day off.
하루 쉴**까 생각 중이었어요.** ★ take ~ off ~동안 쉬다

I was thinking about attending the party.
그 파티에 참석할**까 생각 중이었어.**

I was thinking about looking for a new job.
새로운 직장을 찾아볼**까 생각 중이었어요.** ★ look for ~을 찾다

I was thinking about doing business with them.
그들과 거래를 할**까 생각 중이었어요.** ★ do business 거래를 하다

Speak & Write

주어진 우리말 문장을 영어로 말하고 써 보세요.

❶ 하루 쉴까 생각 중이었어요.

I was thinking _____ taking a _____ _____.

❷ 그들과 거래를 할까 생각 중이었어요.

I was _____ about _____ _____ with them.

❸ 새 가방을 살까 생각 중이었어.

I was _____ about _____ a new _____.

❹ 새로운 직장을 찾아볼까 생각 중이었어요.

I was thinking _____ _____ _____ a new job.

❺ 그 파티에 참석할까 생각 중이었어.

I _____ _____ about _____ the _____.

DAY 045

I can't thank you enough for ~.

~에 대해 어떻게 감사해야 할지 모르겠어요.

상대방에게 감사의 마음을 정중하게 표현할 때 쓰는 패턴입니다. 고맙다고 할 때 Thank you for...만 쓰는 것이 식상했다면 이 패턴을 활용해 감사의 마음을 표현해 보세요. for 뒤에는 동명사(-ing)와 명사 둘 다 올 수 있습니다.

086.MP3

Listen & Repeat

잘 듣고 큰 소리로 따라 말해 보세요.

☐ **I can't thank you enough for your kindness.**
당신의 친절함에 어떻게 감사해야 할지 모르겠어요. ★ kindness 친절

☐ **I can't thank you enough for inviting us.**
저희를 초대해 주셔서 얼마나 감사한지 몰라요.

☐ **I can't thank you enough for teaching English.**
영어를 가르쳐 주시는 것에 대해 어떻게 감사해야 할지 모르겠어요.

☐ **I can't thank you enough for lending me money.**
제게 돈을 빌려주셔서 얼마나 감사한지 모르겠어요.

☐ **I can't thank you enough for buying me lunch.**
제게 점심 사 주신 것에 대해 어떻게 감사해야 할지 모르겠어요.

Speak & Write

주어진 우리말 문장을 영어로 말하고 써 보세요.

❶ 저희를 초대해 주셔서 얼마나 감사한지 몰라요.
I _____ thank you _____ for _____ us.

❷ 제게 점심 사 주신 것에 대해 어떻게 감사해야 할지 모르겠어요.
I can't _____ you enough for _____ me _____.

❸ 영어를 가르쳐 주시는 것에 대해 어떻게 감사해야 할지 모르겠어요.
I _____ _____ you enough for _____ English.

❹ 당신의 친절함에 어떻게 감사해야 할지 모르겠어요.
I can't thank _____ _____ for your _____.

❺ 제게 돈을 빌려주셔서 얼마나 감사한지 모르겠어요.
I _____ thank you _____ for _____ me money.

▶ 다음 문장을 주어진 패턴을 활용해 영어로 바꿔 말해 보세요.

I write a book.
나는 책을 써요.

① 책을 쓰실 수 있을지 해서요. **I was wondering if you could**

② 책을 쓸까 생각 중이었어요. **I was thinking about**

③ 나는 책을 쓰기 위해 심혈을 기울였어요. **I made my best effort to**

④ 책을 써 주신 것에 대해 어떻게 감사해야 할지 모르겠어요.
I can't thank you enough for

⑤ 나는 간신히 책을 썼어요. **I managed to**

정답   1 I was wondering if you could write a book.   2 I was thinking about writing a book.
3 I made my best effort to write a book.   4 I can't thank you enough for writing a book.
5 I managed to write a book.

keep 구동사

 keep의 기본 의미는 '(특정 상태를) 유지하다'입니다. **keep up**은 '높게(up) 유지하다(keep)'인데요, 여기서 **up**은 '높게'라는 위치뿐만 아니라 '좋게'라는 상태를 의미합니다. 그래서 지금보다 아래로 떨어지지 않게 '(어떤 좋은 상태를) 유지하다'라는 의미가 되죠. **keep down**은 '낮게(down) 유지하다(keep)'이므로 비용이나 가격, 소리 등을 '줄이다'라는 의미로 쓰입니다. 한편 **keep on**은 흔히 **keep on -ing** 형태로 쓰는데, 어떤 동작에 '붙어서(on) 유지하다(keep)'라는 것은 멈추지 않고 붙어서 '계속 ~하다'라는 뜻이죠. 반대로 **keep away**는 '멀리(away) 유지하다(keep)'이므로 무언가를 '멀리하다, 가까이 하지 않다'라는 의미가 됩니다. 주로 **keep away from**(~으로부터 멀리하다)의 형태로 많이 쓰이죠. 마지막으로 **keep from**은 '~으로부터(from) 거리를 유지하다(keep)'입니다. 'keep + 사람 + from -ing' 형태로 쓰면 '(사람이) ~하지 못하게 하다'라는 의미로 쓰입니다.

STEP 1 **Listen & Repeat** 잘 듣고 따라 말해 보세요. ▶ 088.MP3

keep up (좋은 상태를) 유지하다	**Keep up** the good habit. 좋은 습관을 유지하세요.
keep down (비용이나 소리를) 낮추다	Could you **keep** the volume **down**? 볼륨을 낮춰 주실 수 있을까요?
keep on 계속하다	Will you **keep on** working? 계속 일할 건가요?
keep away 멀리하다 (from)	You need to **keep away** from fast food. 당신은 패스트푸드를 멀리할 필요가 있어요.
keep ~ from... ~가 ...하지 못하게 하다	She **keeps** me **from** drinking. 그녀는 내가 술 마시지 못하게 해.

STEP 2

Fill in the blanks 주어진 우리말 문장을 영어로 써 보세요.

① 볼륨을 낮춰 주실 수 있을까요?
Could you   the volume   ?

② 그녀는 내가 술 마시지 못하게 해.
She   me   drinking.

③ 계속 일할 건가요?
Will you   working?

④ 좋은 습관을 유지하세요.
     the good habit.

⑤ 당신은 패스트푸드를 멀리할 필요가 있어요.
You need to   from fast food.

STEP 3

Speak & Write 주어진 우리말 문장을 영어로 바꿔 말하고 써 보세요.   ▶ 089.MP3

★ 정답 276쪽

① 그녀는 내가 담배 피우지 못하게 해.

_____

② 당신은 술을 멀리할 필요가 있어요. (alcohol)

_____

③ 페이스를 유지하세요. (pace)

_____

④ 당신의 목소리를 낮춰 주실 수 있을까요?

_____

⑤ 계속 달릴 건가요?

_____

Exercise 1

▶ 앞에서 배운 문장을 활용해 다음 대화를 완성해 보세요.

1

A Do you have something to tell me?

제게 할 말 있으세요?

B Yes.

네. 저를 도와주실 수 있을지 해서요.

2

A Mom! Can I order this chicken burger?

엄마! 이 치킨 버거 시켜도 돼요?

B No, you can't.

안 돼. 넌 패스트푸드를 멀리할 필요가 있어.

3

A Can you go on a trip with us?

우리랑 여행 갈 수 있어?

B Of course!

물론이지! 난 간신히 부모님을 설득했어.

4

A

영어를 가르쳐 주시는 것에 어떻게 감사해야 할지 모르겠어요.

B My pleasure. You speak English like a native speaker now.

천만에요. 이제는 원어민처럼 영어를 하시는군요.

5

A

계속 일할 건가요?

B Yes, I can't stop writing this report.

네, 이 보고서를 쓰는 걸 멈출 수가 없네요.

6

A I love this song! I want to dance!

이 노래 너무 좋아! 춤추고 싶어!

B Hey!

저기요! 볼륨을 낮춰 주실 수 있을까요?

7

A Congratulations on the scholarship!

장학금 받은 거 축하해!

B Thanks a lot!

고마워! 난 장학금을 타기 위해 심혈을 기울였어.

8

A Let's go out for a drink tonight!

오늘 밤에 한잔하러 가자!

B My wife will hate it.

내 아내가 엄청 싫어할 거야. 그녀는 내가 술을 못 마시게 해.

090.MP3

★ MP3 파일을 듣고 대화를 따라 말해 보세요.

Exercise 2

★ 정답 276쪽

▶ 패턴과 구동사를 조합해 다음 문장을 말해 보세요.

1
난 계속 달릴까 생각 중이었어.
I was thinking about + keep on

2
나는 간신히 내 페이스를 유지했어요.
I managed to + keep up

3
볼륨을 줄여 주셔서 얼마나 감사한지 몰라요.
I can't thank you enough for + keep down

4
나는 그가 술을 못 마시게 하기 위해 최선을 다했어.
I made my best effort to + keep from

5
패스트푸드를 멀리하실 수 있을지 해서요.
I was wondering if you could + keep away

091.MP3

★ MP3 파일을 듣고 문장을 따라 말해 보세요.

10th WEEK

DAY 046   **How long does it take to ~?**

DAY 047   **How come you ~?**

DAY 048   **I'm sure that ~.**

DAY 049   **Don't forget that ~.**

DAY 050   **It's been a long time since ~.**

DAY 046

How long does it take to ~?
~하는 데 얼마나 걸려요?

어떠한 동작을 완료하는 데 걸리는 시간을 물어볼 때 쓰는 패턴입니다. 참고로 과거에 얼마나 시간이 걸렸는지 물을 때는 How long did it take to...?로, 미래에 얼마나 시간이 걸릴지 궁금할 때는 How long will it take to...?로 물어보면 됩니다.

092.MP3

Listen & Repeat

잘 듣고 큰 소리로 따라 말해 보세요.

How long does it take to finish it?
그거 끝내는 데 얼마나 걸려?

How long does it take to get to work?
출근하는 데 얼마나 걸리나요? ★ get to work 출근하다

How long does it take to paint this door?
이 문을 페인트칠하는 데 얼마나 걸려요?

How long does it take to take a shower?
샤워하는 데 얼마나 걸려요? ★ take a shower 샤워하다

How long does it take to fix this machine?
이 기계를 고치는 데 얼마나 걸리나요?

Speak & Write

주어진 우리말 문장을 영어로 말하고 써 보세요.

❶ 출근하는 데 얼마나 걸리나요?
_____ long does it take to _____ to _____?

❷ 이 기계를 고치는 데 얼마나 걸리나요?
How _____ does it take to _____ this _____?

❸ 샤워하는 데 얼마나 걸려요?
How long does it _____ to _____ a _____?

❹ 그거 끝내는 데 얼마나 걸려?
How _____ _____ it take _____ _____ it?

❺ 이 문을 페인트칠하는 데 얼마나 걸리나요?
_____ long does it _____ to _____ this door?

126

How come you ~?

어째서 ~한 거예요?

상대방의 행동이나 상태가 이해되지 않고 납득되지 않음을 표현할 때 쓰는 패턴입니다. 뒤에 바로 동사를 넣어서 활용하세요. 간단히 How come?이라고 하면 '왜?', '어째서?'라는 의미로 쓸 수 있습니다.

093.MP3

Listen & Repeat

잘 듣고 큰 소리로 따라 말해 보세요.

☐ **How come you are late?**
어째서 늦은 거야?

☐ **How come you didn't come?**
어째서 안 왔던 거야?

☐ **How come you don't work?**
어째서 일하지 않는 거예요?

☐ **How come you broke up with her?**
어째서 그녀와 헤어진 거예요? ★ break up with ~와 헤어지다

☐ **How come you don't know my name?**
어째서 내 이름을 모르는 거예요?

Speak & Write

주어진 우리말 문장을 영어로 말하고 써 보세요.

❶ 어째서 안 왔던 거야?
_____ come you _____ _____?

❷ 어째서 내 이름을 모르는 거예요?
How _____ you _____ _____ my _____?

❸ 어째서 일하지 않는 거예요?
_____ _____ you don't _____?

❹ 어째서 늦은 거야?
How come _____ _____ _____?

❺ 어째서 그녀와 헤어진 거예요?
_____ come you _____ _____ _____ her?

I'm sure that ~.

난 ~라고 확신해요.

어떠한 상황에 대해 확신을 가지고 말할 때 쓰는 패턴입니다. 반대로 불확실하고 잘 모르겠는 상황에서는 '~인지 확신이 없어요'란 의미로 I'm not sure if... 패턴을 쓸 수 있습니다.

094.MP3

Listen & Repeat

잘 듣고 큰 소리로 따라 말해 보세요.

I'm sure that my students like me.
난 내 학생들이 날 좋아한다고 확신해.

I'm sure that he is a player.
난 그가 바람둥이라고 확신해. ★ player 바람둥이, (여자를 잘 꼬시는) 선수

I'm sure that she will get a good job.
난 그녀가 좋은 직장을 구할 거라고 확신해요.

I'm sure that he will get back to work.
나는 그가 일터로 돌아올 거라고 확신해요. ★ get back 돌아오다

I'm sure that you can change the world.
나는 당신이 세상을 바꿀 수 있다고 확신해요.

Speak & Write

주어진 우리말 문장을 영어로 말하고 써 보세요.

❶ 난 그가 바람둥이라고 확신해.
_____ _____ that he is a _____.

❷ 나는 당신이 세상을 바꿀 수 있다고 확신해요.
_____ sure that you _____ _____ the world.

❸ 난 그녀가 좋은 직장을 구할 거라고 확신해요.
I'm sure _____ she will _____ a good _____.

❹ 난 내 학생들이 날 좋아한다고 확신해.
I'm _____ _____ my _____ like me.

❺ 나는 그가 일터로 돌아올 거라고 확신해요.
I'm _____ that he will _____ _____ to _____.

DAY 049

Don't forget that ~.

~라는 걸 잊지 마세요.

어떠한 사실을 잊지 말라고 당부할 때 쓰는 패턴입니다. 참고로 어떤 일을 하는 걸 잊지 말라고 당부하고 싶으면 forget 뒤에 that절 대신 'to + 동사'를 넣어서 Don't forget to + 동사. 패턴으로 말해 보세요.

095.MP3

Listen & Repeat

잘 듣고 큰 소리로 따라 말해 보세요.

☐ **Don't forget that** you're his father.
당신이 그의 아버지라는 것을 잊지 마세요.

☐ **Don't forget that** time flies so fast.
세월이 참 빠르다는 것을 잊지 마세요.   ★ fly (시간이) 쏜살같이 지나가다

☐ **Don't forget that** they helped you a lot.
그들이 널 많이 도와줬다는 것을 잊지 마.

☐ **Don't forget that** we'll always be with you.
우리가 언제나 당신과 함께할 거라는 걸 잊지 마세요.

☐ **Don't forget that** you should set the alarm.
알람을 설정해야 한다는 것을 잊지 마.

Speak & Write

주어진 우리말 문장을 영어로 말하고 써 보세요.

❶ 세월이 참 빠르다는 것을 잊지 마세요.
_____ forget that _____ _____ so fast.

❷ 알람을 설정해야 한다는 것을 잊지 마.
Don't _____ that you should _____ the _____.

❸ 그들이 널 많이 도와줬다는 것을 잊지 마.
_____ _____ that they _____ you a _____.

❹ 당신이 그의 아버지라는 것을 잊지 마세요.
Don't _____ _____ you're _____ _____.

❺ 우리가 언제나 당신과 함께할 거라는 걸 잊지 마세요.
Don't _____ that we'll _____ be _____ you.

D A Y 050

It's been a long time since ~.
~한 지 오래되었어요.

어떠한 행동을 한 이후로 오랜 시간이 지났을 때 쓰는 패턴입니다. 여기서 It's는 It has의 줄임말이죠. '오랜 기간'을 a long time으로만 말하는 게 식상하다면 대신에 a while 또는 ages로 표현해도 좋습니다.

096.MP3

Listen & Repeat

잘 듣고 큰 소리로 따라 말해 보세요.

☐ **It's been a long time since I quit smoking.**
난 담배 끊은 지 오래됐어.

☐ **It's been a long time since I called my parents.**
저는 부모님께 전화드린 지 오래되었어요.

☐ **It's been a long time since he played the violin.**
그는 바이올린을 연주한 지 오래되었어요.

☐ **It's been a long time since they opened this store.**
그들은 이 가게를 연 지 오래되었어요.

☐ **It's been a long time since we have seen him.**
우리는 그를 본 지 오래되었어요.

Speak & Write

주어진 우리말 문장을 영어로 말하고 써 보세요.

❶ 그는 바이올린을 연주한 지 오래되었어요.
It's _____ a long time _____ he _____ the violin.

❷ 난 담배 끊은 지 오래됐어.
It's been a _____ _____ since I quit _____.

❸ 그들은 이 가게를 연 지 오래되었어요.
_____ _____ a long time since they _____ this store.

❹ 우리는 그를 본 지 오래되었어요.
It's been a _____ time _____ we have _____ him.

❺ 저는 부모님께 전화드린 지 오래되었어요.
It's _____ a long time since I _____ my _____.

130

▶ 다음 문장을 주어진 패턴을 활용해 영어로 바꿔 말해 보세요.

I fix the door.
나는 그 문을 고쳐요.

1 당신이 그 문을 고쳐야 한다는 것을 잊지 마세요. **Don't forget that**

....

2 내가 그 문을 고친 지 오래되었어요. **It's been a long time since**

....

3 그가 그 문을 고쳤다고 난 확신해요. **I'm sure that**

....

4 어째서 그 문을 고친 거예요? **How come you**

....

5 그 문을 고치는 데 얼마나 걸려요? **How long does it take to**

....

정답 1 Don't forget that you should fix the door.   2 It's been a long time since I fixed the door.
3 I'm sure that he fixed the door.   4 How come you fixed the door?
5 How long does it take to fix the door?

PHRASAL VERB — fall 구동사

 fall의 기본 의미는 '떨어지다'입니다. **fall out**은 '밖으로(out) 떨어지다(fall)'인데, 머리카락이나 치아가 밖으로 떨어져 나오면 '빠지다', 사람의 마음이 밖으로 떨어져 나오면 누군가와 '사이가 틀어지다'라는 의미가 되죠. **fall for**는 '~을 향해(for) 떨어지다(fall)'이므로 누군가에게 정신이 홀려서 떨어지면 '반하다', 안 좋은 쪽으로 떨어지면 '속아 넘어가다'라는 의미가 됩니다. 한편 **fall down**은 '아래로(down) 떨어지다(fall)'란 말 그대로 사람이 '넘어지다', 건물이 '무너지다, 쓰러지다'라는 의미입니다. **fall through**는 '통과해서(through) 떨어지다(fall)'인데, 구멍 난 컵에 물을 부었을 때 컵을 통과해 물이 떨어지는 모습을 떠올려 보세요. 이처럼 어떤 일이 실현되지 못하고 '무산되다, 실패하다'라는 의미가 있습니다. **fall apart**는 '산산이(apart) 떨어지다(fall)'라는 말 그대로 뭔가가 '부서지다'란 뜻도 있지만, 조직이나 제도가 '무너지다', 혹은 사람의 마음이 정신적으로 '무너지다'라는 의미로도 널리 쓰입니다.

STEP 1 **Listen & Repeat** 잘 듣고 따라 말해 보세요. ▶ 098.MP3

fall out 사이가 틀어지다 (with)	**I fell out** with my girlfriend. 난 내 여자친구와 **사이가 틀어졌어**.
fall for (속임수·유혹에) 속아 넘어가다	Don't **fall for** his lies. 그의 거짓말에 **속아 넘어가지** 마.
fall down (건물이) 쓰러지다, 무너지다	The building **fell down** suddenly. 건물이 갑자기 **무너졌어**.
fall through (일이) 무산되다, 실패하다	Our whole plan **fell through**. 우리의 모든 계획이 **무산되었어요**.
fall apart (관계·마음 등이) 무너지다	She **fell apart** when her husband died. 그녀는 자기 남편이 죽었을 때 **무너졌어요**.

132

STEP 2 **Fill in the blanks** 주어진 우리말 문장을 영어로 써 보세요.

1 그의 거짓말에 속아 넘어가지 마.
Don't ＿＿＿＿＿＿ ＿＿＿＿＿＿ his lies.

2 그녀는 자기 남편이 죽었을 때 무너졌어요.
She ＿＿＿＿＿＿＿＿＿ when her husband died.

3 건물이 갑자기 무너졌어.
The building ＿＿＿＿＿＿＿＿＿ suddenly.

4 난 내 여자친구와 사이가 틀어졌어.
I ＿＿＿＿＿＿＿＿＿ with my girlfriend.

5 우리의 모든 계획이 무산되었어요.
Our whole plan ＿＿＿＿＿＿＿＿＿.

STEP 3 **Speak & Write** 주어진 우리말 문장을 영어로 바꿔 말하고 써 보세요. ▶ 099.MP3

★ 정답 277쪽

1 그의 유혹에 넘어가지 마. (temptations)
_____

2 우리의 거래가 무산되었어요. (deal)
_____

3 난 내 부모님과 사이가 틀어졌어.
_____

4 그녀는 자기 어머니가 돌아가셨을 때 무너졌어요.
_____

5 내 집이 갑자기 무너졌어.
_____

Exercise 1

▶ 앞에서 배운 문장을 활용해 다음 대화를 완성해 보세요.

1

A

이 기계를 고치는 데 얼마나 걸리나요?

B I'm not sure, but it's impossible to fix it today.

잘 모르겠지만, 오늘 그걸 고치는 건 불가능해요.

2

A Are you okay? What happened?

괜찮아요? 무슨 일이 있었던 거죠?

B It was terrible!

건물이 갑자기 무너졌어요! 끔찍했어요!

3

A We have to wake up early tomorrow.

우리 내일 일찍 일어나야 해.

B I know.

알고 있어. 알람을 설정해야 한다는 거 잊지 마.

4

A Are you dating your girlfriend today?

오늘 여자친구랑 데이트해?

B No, I'll stay home.

아니, 집에 있을 거야. 난 내 여자친구와 사이가 틀어졌어.

5

A Do you still smoke?

여전히 담배를 피우세요?

B No, I don't.

아니요, 안 피워요. 전 담배 끊은 지 오래됐어요.

6

A Are you planning to travel abroad?

해외여행 갈 계획인가요?

B Maybe not.

아마도 안 그럴 거예요. 우리의 모든 계획이 무산되었어요.

7

A I broke up with my boyfriend.

나 남자친구와 헤어졌어.

B That's a good decision!

잘한 결정이야! 난 걔가 바람둥이라고 확신해.

8

A I will start a new business with James.

난 제임스와 새로운 사업을 시작할 거예요.

B Seriously?

진심이세요? 그의 거짓말에 속아 넘어가지 마세요!

100.MP3

★ MP3 파일을 듣고 대화를 따라 말해 보세요.

Exercise 2

★ 정답 277쪽

▶ 패턴과 구동사를 조합해 다음 문장을 말해 보세요.

1
난 그들의 사업이 무산될 거라고 확신해요. (business)
I'm sure that + **fall through**

2
어째서 당신은 무너졌던 건가요?
How come you + **fall apart**

3
무너지는 데 얼마나 걸리나요?
How long does it take to + **fall down**

4
그의 유혹들에 넘어가지 말아야 한다는 거 잊지 마. (should)
Don't forget that + **fall for**

5
나는 그와 사이가 틀어진 지 오래됐어.
It's been a long time since + **fall out**

101.MP3

★ MP3 파일을 듣고 문장을 따라 말해 보세요.

국내파 영어 달인들의 비밀

세계적인 아이돌 그룹인 BTS의 리더 RM을 아시나요? 제가 처음 RM의 영어 인터뷰를 들었을 때 영어가 너무 자연스러운 나머지, 교포이거나 혹은 최소 영어권에서 자란 경험이 있을 거라고 생각했습니다. 그런데 알고 봤더니 RM은 순수 국내파로, 한국에서 혼자 미드를 보며 열심히 독학을 해서 그렇게 엄청난 영어 실력을 갖게 되었다고 하더군요.

사실 유튜브에서도 해외 경험 한 번 없이도 혼자 국내에서 열심히 영어를 공부해 원어민처럼 말하는 분들을 심심찮게 보게 됩니다. 그런데 이런 분들의 공통적인 특징이 하나 있는데요, 바로 영어가 아닌 '영어로 된 콘텐츠'를 먼저 좋아했다는 겁니다. 콘텐츠가 좋아서 지속적으로 보면서 즐기고, 뉘앙스까지 직접 이해하고 싶어 공부하다 보니 '영어'가 자연스럽게 는 것이죠.

"미드 '프렌즈(Friends)'가 너무 재미있어서 대본을 통째로 외웠어요."
"디즈니 애니메이션의 캐릭터가 좋아서 대사를 자주 따라 읽었어요."
"해리포터를 엄청 좋아해서 영어 원서를 모두 사 읽었어요."

여러분들도 혹시 좋아하는 영어 콘텐츠가 있으신가요? 무엇이든 상관없습니다. 영화, 드라마, 강연, 소설 등 내가 관심이 가는 콘텐츠를 떠올려 보세요. 그리고 미친 듯이 덕질을 해 보세요! 그러다 보면 어느새 내 영어 실력도 훌쩍 자라 있을 겁니다.

특히 좋아하는 배우나 유튜버, 기업가 등 자신이 롤모델로 삼고 싶은 영어 원어민도 적극 활용해 보세요. 유명인들 중에서도 오바마 전 미국 대통령의 중후한 영어, 스티브 잡스의 카리스마 있는 영어 등 롤모델로 삼을 만한 사람들이 참 많습니다. 여러분들이 닮고 싶은 원어민을 선택한 후, 그 사람의 모든 영상을 섭렵하며 발음과 억양을 따라 해 보세요. 그렇게 하다 보면 어느새 그 사람처럼 영어를 하고 있는 나 자신을 발견할 수 있을 겁니다. 콘텐츠도 즐기고, 영어도 늘고, 그야말로 일석이조지요!

Review 2

A 주어진 패턴을 활용해 다음 문장을 말해 보세요.

① 케이크 먹는 걸 멈출 수가 없어. (I can't stop -ing)

_____

② 난 프랑스어로 대화하는 게 익숙해요. (I'm used to -ing)

_____

③ 당신이 그의 어머니라는 것을 잊지 마세요. (Don't forget that)

_____

④ 난 내 노트북을 고치기 위해 심혈을 기울였어. (I made my best effort to)

_____

⑤ 제가 지하철을 타도 괜찮을까요? (Is it okay if I)

_____

B 아래 상자에서 맞는 구동사를 찾은 후, 알맞게 활용해 빈칸을 채우세요.

get back   turn down   bring out   keep from   fall out

① 그 가수는 새로운 앨범을 선보였어요.

The singer _____ _____ her new album.

② 내 스마트폰을 돌려받고 싶어요.

I want to _____ my smartphone _____.

③ 내 남자친구와 사이가 틀어졌어.

I _____ _____ with my boyfriend.

④ 그들은 제 도움을 거절했어요.

They _____ _____ my help.

⑤ 그녀는 그가 술 마시지 못하게 해.

She _____ him _____ drinking.

C 우리말 해석을 보고 빈칸을 채우세요.

① 그 건물이 무너질 거라고 저는 확신해요.

I'm _____ that the building will _____ _____.

② 어째서 그 기차를 탄 거야?

How _____ you _____ _____ the train?

③ 보고서를 제출하는 데 얼마나 걸리나요?

How _____ does it take to _____ _____ your report?

④ 난 패스트푸드를 멀리하곤 했어.

I _____ to _____ _____ from fast food.

⑤ 그의 유혹에 넘어가지 않을 수가 없어.

I can't _____ _____ _____ his temptations.

⑥ 그 사안을 꺼낼까 생각 중이었어요.

I was _____ about _____ _____ the issue.

⑦ 저는 간신히 볼륨을 낮췄어요.

I _____ to _____ the volume _____.

⑧ 제가 부모님을 실망시킬 거라고는 전혀 생각도 못 했어요.

I never _____ I would _____ my parents _____.

⑨ 저는 두려움을 한창 극복하는 중이에요.

I'm in the _____ of _____ _____ my fear.

⑩ 볼륨을 올려 주실 수 있을까 해서요.

I was _____ if you could _____ _____ the volume.

D 앞에서 배운 패턴과 구동사를 조합해 다음 문장을 완성해 보세요.

1 저는 기꺼이 모든 사람과 잘 지낼 용의가 있어요.

I'm willing to + get along

_____

2 당신의 상사가 내 제안을 거절해도 상관없어요.

It doesn't matter if + turn down

_____

3 그들이 백만 달러를 벌어들일 가능성이 있나요?

Is there any chance + bring in

_____

4 영어를 계속 공부해서 나쁠 건 없잖아.

It doesn't hurt to + keep on

_____

5 그가 버스에서 내린 지 오래됐어.

It's been a long time since + get off

_____

6 좋은 습관들은 유지할 만한 가치가 있어요.

It's worth -ing + keep up

_____

102.MP3

★ MP3 파일을 듣고 문장을 따라 말해 보세요.

11th WEEK

DAY 051   **I have a feeling that ~.**

DAY 052   **It's a shame that ~.**

DAY 053   **There's no excuse for -ing ~.**

DAY 054   **I'm embarrassed that ~.**

DAY 055   **What's worse is that ~.**

I have a feeling that ~.

~라는 느낌이 들어요.

어떠한 상황에 대한 개인의 주관적인 생각이나 느낌을 말할 때 쓰는 패턴입니다. have a feeling은 '느낌이 들다, 예감이 들다'란 뜻이죠. 참고로 복수형 feelings 를 넣어 have feelings for someone이라고 하면 '누군가에게 마음이 있다'라는 전혀 다른 의미가 되므로 주의하세요.

103.MP3

Listen & Repeat

잘 듣고 큰 소리로 따라 말해 보세요.

☐ **I have a feeling that** she likes me.
그녀가 날 좋아한다는 **느낌이 들어.**

☐ **I have a feeling that** he is sick.
그가 아픈 **것 같은 느낌이 들어.**

☐ **I have a feeling that** they are dating.
걔네가 사귀고 있다는 **느낌이 들어.**   ★ date 사귀다

☐ **I have a feeling that** they will divorce soon.
그들이 곧 이혼할 것 같은 **느낌이 들어요.**

☐ **I have a feeling that** he'll quit his job.
그가 일을 그만둘 것 같다는 **느낌이 들어요.**

Speak & Write

주어진 우리말 문장을 영어로 말하고 써 보세요.

❶ 그가 아픈 것 같은 느낌이 들어.
_____ have a _____ that he is _____.

❷ 그가 일을 그만둘 것 같다는 느낌이 들어요.
I _____ a feeling _____ he'll _____ his job.

❸ 걔네가 사귀고 있다는 느낌이 들어.
I have a _____ _____ they are _____.

❹ 그녀가 날 좋아한다는 느낌이 들어.
I have a _____ _____ she _____ me.

❺ 그들이 곧 이혼할 것 같은 느낌이 들어요.
I _____ a _____ that they will _____ soon.

DAY 052

It's a shame that ~.

~해서 아쉽네요.

상황이 뜻대로 되지 않아서 아쉬움을 표현할 때 쓰는 패턴입니다. 보통 shame 을 '수치심, 부끄러움'이란 의미로만 알고 있는 분들이 많은데, 여기서 쓰인 것처럼 '아쉬움'이란 의미도 있으니 꼭 기억해 두세요.

104.MP3

Listen & Repeat

잘 듣고 큰 소리로 따라 말해 보세요.

☐ **It's a shame that I can't go.**
내가 못 가서 **아쉽네.**

☐ **It's a shame that you can't come.**
당신이 못 온다니 **아쉽네요.**

☐ **It's a shame that she doesn't like you.**
그녀가 널 좋아하지 않아서 **아쉽구나.**

☐ **It's a shame that I missed the concert.**
내가 콘서트를 못 간 **게 아쉬워요.** ★ miss (일을) 놓치다

☐ **It's a shame that they have to leave soon.**
그들이 곧 떠나야 한**다니 아쉽네요.**

Speak & Write

주어진 우리말 문장을 영어로 말하고 써 보세요.

❶ 당신이 못 온다니 아쉽네요.
It's a _____ _____ you _____ come.

❷ 그들이 곧 떠나야 한다니 아쉽네요.
It's a _____ that they have to _____ _____ .

❸ 내가 콘서트를 못 간 게 아쉬워요.
It's a _____ _____ I _____ the _____ .

❹ 내가 못 가서 아쉽네.
_____ a shame that I _____ _____ .

❺ 그녀가 널 좋아하지 않아서 아쉽구나.
_____ a _____ that she _____ _____ you.

There's no excuse for -ing ~.

~에 대해서는 변명의 여지가 없어요.

어떠한 행동을 절대로 용납할 수 없다고 강조할 때 쓰는 패턴입니다. 참고로 not 을 넣어서 There's no excuse for not -ing...라고 하면 '~하지 않는 것에 대해서는 변명의 여지가 없어요'라는 의미가 되죠.

105.MP3

Listen & Repeat

잘 듣고 큰 소리로 따라 말해 보세요.

☐ **There's no excuse for stealing.**
도둑질에 대해서는 변명의 여지가 없어.

☐ **There's no excuse for cheating.**
바람 피우는 것에 대해서는 변명의 여지가 없습니다. ★ cheat 바람을 피우다

☐ **There's no excuse for telling lies.**
거짓말하는 것에 대해서는 변명의 여지가 없습니다.

☐ **There's no excuse for being late.**
늦은 것에 대해서는 변명의 여지가 없어요.

☐ **There's no excuse for making the same mistake.**
같은 실수를 한 것에 대해서는 변명의 여지가 없습니다.

Speak & Write

주어진 우리말 문장을 영어로 말하고 써 보세요.

❶ 같은 실수를 한 것에 대해서는 변명의 여지가 없습니다.
There's no _____ for _____ the same _____.

❷ 도둑질에 대해서는 변명의 여지가 없어.
There's _____ _____ for _____.

❸ 늦은 것에 대해서는 변명의 여지가 없어요.
_____ no _____ for _____ _____.

❹ 바람 피우는 것에 대해서는 변명의 여지가 없습니다.
There's no _____ _____ _____.

❺ 거짓말하는 것에 대해서는 변명의 여지가 없습니다.
_____ _____ excuse for _____ _____.

DAY
054

I'm embarrassed that ~.
~해서 창피해요.

어떠한 상황에 대해 매우 창피하거나 민망할 때 쓰는 패턴입니다. 많은 분들이 embarrassed를 '당황한'이란 의미로 알고 있지만, 실제로는 '창피한'이란 의미에 더 가까우니 유의하시기 바랍니다.

106.MP3

Listen & Repeat

잘 듣고 큰 소리로 따라 말해 보세요.

☐ **I'm embarrassed that** I fell on the street.
길에서 넘어져**서 창피해요.**

☐ **I'm embarrassed that** I told you my secret.
내 비밀을 너한테 말했던 **게 창피해.**

☐ **I'm embarrassed that** you are wearing this shirt.
당신이 이 셔츠를 입고 있는 **게 창피해요.**

☐ **I'm embarrassed that** my dad danced in public.
우리 아빠가 사람들 앞에서 춤춰**서 창피해.** ★ in public 사람들 앞에서

☐ **I'm embarrassed that** I'm borrowing money from you.
내가 당신에게 돈을 빌리고 있는 **게 창피해요.**

Speak & Write

주어진 우리말 문장을 영어로 말하고 써 보세요.

❶ 내 비밀을 너한테 말했던 게 창피해.
_____ embarrassed that I _____ you my _____.

❷ 내가 당신에게 돈을 빌리고 있는 게 창피해요.
I'm _____ that I'm _____ money _____ you.

❸ 당신이 이 셔츠를 입고 있는 게 창피해요.
I'm embarrassed _____ you are _____ this _____.

❹ 길에서 넘어져서 창피해요.
_____ embarrassed that I _____ on the _____.

❺ 우리 아빠가 사람들 앞에서 춤춰서 창피해.
I'm _____ that my dad danced _____ _____.

DAY 055

What's worse is that ~.

더 나쁜 건 ~라는 거예요.

이미 좋지 않은 상황에서 더 안 좋은 부분을 강조하여 말할 때 쓰는 패턴입니다. 눈 위에 서리가 내린다는 뜻의 사자성어 '설상가상'을 떠올리면 의미를 더 쉽게 이해할 수 있을 거예요.

107.MP3

Listen & Repeat

잘 듣고 큰 소리로 따라 말해 보세요.

What's worse is that he has no money.
더 안 좋은 건 그가 가진 돈이 없다는 거야.

What's worse is that the victim was a baby.
더 나쁜 일은 그 희생자가 아기였다는 거예요. ★ victim 희생자, 피해자

What's worse is that my client is waiting for me.
더 안 좋은 건 제 고객이 저를 기다리고 있다는 거예요.

What's worse is that I can't get my money back.
더 나쁜 건 제 돈을 돌려받지 못한다는 거예요. ★ get ~ back ~을 돌려받다

What's worse is that they have no interest in us.
더 나쁜 건 그들이 우리에게 관심이 없다는 거예요.

Speak & Write

주어진 우리말 문장을 영어로 말하고 써 보세요.

① 더 나쁜 일은 그 희생자가 아기였다는 거예요.
_____ worse is that the _____ was a _____.

② 더 나쁜 건 그들이 우리에게 관심이 없다는 거예요.
What's _____ is that they have _____ _____ in us.

③ 더 안 좋은 건 제 고객이 저를 기다리고 있다는 거예요.
What's worse is _____ my _____ is _____ for me.

④ 더 안 좋은 건 그가 가진 돈이 없다는 거야.
What's _____ is _____ he has _____ _____.

⑤ 더 나쁜 건 제 돈을 돌려받지 못한다는 거예요.
_____ worse is that I can't _____ my money _____.

▶ 다음 문장을 주어진 패턴을 활용해 영어로 바꿔 말해 보세요.

He lost his wallet.

그는 자기 지갑을 잃어버렸어요.

1 더 나쁜 건 그가 자기 지갑을 잃어버렸다는 거예요.
What's worse is that

2 그가 자기 지갑을 잃어버린 것 같은 느낌이 들어요.
I have a feeling that

3 그의 지갑을 잃어버린 것에 대해서는 변명의 여지가 없어요.
There's no excuse for -ing

4 그가 자기 지갑을 잃어버린 게 창피해요. **I'm embarrassed that**

5 그가 자기 지갑을 잃어버려서 아쉬워요. **It's a shame that**

정답 1 What's worse is that he lost his wallet.   2 I have a feeling that he lost his wallet.
3 There's no excuse for losing his wallet.   4 I'm embarrassed that he lost his wallet.
5 It's a shame that he lost his wallet.

come은 다들 아시다시피 '오다'라는 의미입니다. **come up**은 '올라(up) 오다 (come)'인데요, 보이지 않던 일이 눈에 띄게 위로 올라오면 '(일이) 생기다, 발생 하다'라는 의미가 됩니다. 반면 **come down**은 '아래로(down) 오다(come)'입니다. 단순 히 가격이나 비율, 어떤 정도가 '내려오다'라는 의미 외에도 '(가격을) 깎아 주다'라는 뜻 으로 확장되어 쓰이죠. **come out**은 '밖으로(out) 나오다(come)'이므로 영화나 책이 밖 으로 나오면 '개봉하다', '발간되다'라는 의미가 됩니다. **come off**는 '떨어져(off) 나오다 (come)'인데, 묻었던 얼룩이 떨어져 나오면 '(얼룩이) 지워지다', 단추가 옷에서 떨어져 나 오면 '떨어지다'란 뜻이 되죠. 마지막으로 **come along**은 '따라서(along) 오다(come)'이 므로, 하던 일이 계획대로 잘 따라서 오면 '잘 진행되다'라는 의미로 쓰일 수 있습니다.

STEP 1 **Listen & Repeat** 잘 듣고 따라 말해 보세요. ▶ 109.MP3

come up	Some urgent issues **came up**.
(일이) 생기다, 발생하다	몇 가지 긴급한 사안들이 **생겼어요**.

come down	Could you **come down** a little?
(가격을) 깎아 주다	가격을 좀 **깎아** 주실래요?

come out	His new movie will **come out** soon.
(영화·책·음반이) 나오다	그의 새로운 영화가 곧 **나올** 거야.

come off	This button **came off**.
(붙어 있던 것이) 떨어지다	이 단추가 **떨어졌어**.

come along	My new project is **coming along**.
(일이) 잘 진행되다	제 새 프로젝트는 **잘 진행되고** 있어요.

STEP 2 **Fill in the blanks** 주어진 우리말 문장을 영어로 써 보세요.

1 그의 새로운 영화가 곧 나올 거야.
His new movie will _____ soon.

2 가격을 좀 깎아 주실래요?
Could you _____ a little?

3 몇 가지 긴급한 사안들이 생겼어요.
Some urgent issues _____ .

4 제 새 프로젝트는 잘 진행되고 있어요.
My new project is _____ .

5 이 단추가 떨어졌어.
This button _____ .

STEP 3 **Speak & Write** 주어진 우리말 문장을 영어로 바꿔 말하고 써 보세요.

▶ 110.MP3
★ 정답 278쪽

1 내 새 책이 곧 나올 거야.
_____

2 이 손잡이가 떨어졌어.
_____

3 그의 사업은 잘 진행되고 있어요.
_____

4 가격을 몇 달러만 깎아 주실래요? (a few)
_____

5 새로운 문제가 생겼어요.
_____

Exercise 1

▶ 앞에서 배운 문장을 활용해 다음 대화를 완성해 보세요.

1

A I'm sorry I'm late. I was stuck in a traffic jam.
늦어서 죄송합니다. 교통 체증 속에 갇혀 있었어요.

B You are late for a meeting again!

또 회의에 늦으셨네요! 늦은 것에 대해서는 변명의 여지가 없어요.

2

A

그의 새로운 영화가 곧 나올 거야.

B Really? Let's go to the movie together.
정말이야? 우리 같이 영화 보러 가자.

3

A I heard you started a new project. How's it going?
새 프로젝트를 시작했다고 들었어요. 어떻게 돼 가요?

B

제 새 프로젝트는 잘 진행되고 있어요.

4

A How much money do you need?
돈이 얼마나 필요하세요?

B 1,000 dollars.
천 달러요. 제가 당신에게 돈을 빌리고 있는 게 창피하네요.

5

A His concert was the best ever!

그의 콘서트는 지금까지 한 것 중에 최고였어!

B Really?

정말? 내가 콘서트를 못 간 게 아쉽네.

6

A This one is 500 dollars.

이건 500달러입니다.

B It's a little expensive.

좀 비싸네요. 가격을 좀 깎아 주실래요?

7

A Does your husband like his new job?

남편 분이 새로운 일을 좋아하세요?

B I don't think so.

아닌 것 같아요. 그가 일을 그만둘 것 같다는 느낌이 들어요.

8

A Can you come to my party tonight?

오늘 밤 제 파티에 오실 수 있나요?

B I'm afraid I can't.

아무래도 못 갈 것 같아요. 몇 가지 긴급한 사안들이 생겼어요.

111.MP3

★ MP3 파일을 듣고 대화를 따라 말해 보세요.

Exercise 2

★ 정답 279쪽

▶ 패턴과 구동사를 조합해 다음 문장을 말해 보세요.

1 그의 영화가 올해 나오지 않을 거라니 아쉽네. (won't)
It's a shame that + come out

2 몇 가지 새로운 문제들이 생겨서 창피하네요.
I'm embarrassed that + come up

3 100달러를 깎은 것에 대해 변명의 여지가 없습니다.
There's no excuse for -ing + come down

4 더 나쁜 건 그 단추가 떨어졌다는 거야.
What's worse is that + come off

5 그의 사업이 잘 진행되고 있다는 느낌이 들어요.
I have a feeling that + come along

112.MP3

★ MP3 파일을 듣고 문장을 따라 말해 보세요.

12th WEEK

DAY 056 **All I know is that ~.**

DAY 057 **I have no doubt that ~.**

DAY 058 **What I'm saying is that ~.**

DAY 059 **There's no need to ~.**

DAY 060 **Let's say that ~.**

All I know is that ~.

내가 아는 전부는 ~라는 것뿐이에요.

말 그대로 내가 아는 내용의 전부를 상대에게 말할 때 쓰는 패턴입니다. 예를 들어 상대가 다 털어 놓으라고 강요하는데, 진짜로 내가 아는 게 별로 없을 때 쓰면 딱이겠죠?

113.MP3

Listen & Repeat

잘 듣고 큰 소리로 따라 말해 보세요.

All I know is that she lives in Seoul.
내가 아는 전부는 그녀가 서울에 산다는 것뿐이야.

All I know is that he wants to work.
내가 아는 전부는 그가 일하길 원한다는 것뿐이에요.

All I know is that it's going to snow.
내가 아는 전부는 눈이 올 거라는 것뿐이에요.

All I know is that he's older than me.
내가 아는 전부는 그가 나보다 나이가 많다는 것뿐이야.

All I know is that her company is very big.
제가 아는 전부는 그녀의 회사가 매우 크다는 것뿐이에요.

Speak & Write

주어진 우리말 문장을 영어로 말하고 써 보세요.

❶ 내가 아는 전부는 그가 나보다 나이가 많다는 것뿐이야.
_____ I know is that he's _____ _____ me.

❷ 제가 아는 전부는 그녀의 회사가 매우 크다는 것뿐이에요.
All I _____ is _____ her _____ is very _____.

❸ 내가 아는 전부는 그녀가 서울에 산다는 것뿐이야.
All I _____ _____ that she _____ _____ Seoul.

❹ 내가 아는 전부는 눈이 올 거라는 것뿐이에요.
_____ I know is that it's _____ to _____.

❺ 내가 아는 전부는 그가 일하길 원한다는 것뿐이에요.
_____ _____ _____ is that he _____ to work.

I have no doubt that ~.

~라고 확신해요.

무언가에 대해 아무런 의심의 여지 없이 확신을 가지고 있을 때 쓰는 패턴입니다. doubt가 '의심'이라는 뜻이죠. that절 대신 about을 넣어 I have no doubt about + 명사. 형태로 말하는 것도 가능해요.

114.MP3

Listen & Repeat

잘 듣고 큰 소리로 따라 말해 보세요.

☐ **I have no doubt that** you can do it.
네가 그걸 할 수 있다고 **확신해.**

☐ **I have no doubt that** he's still alive.
그가 여전히 살아 있다고 **확신해요.**

☐ **I have no doubt that** he graduated from college.
그가 대학을 나왔다는 것에는 **의심의 여지가 없어요.** ★ graduate from ~을 졸업하다

☐ **I have no doubt that** she'll come back.
그녀가 돌아올 거라고 **확신해요.**

☐ **I have no doubt that** they will settle down here.
그들이 여기에 정착해 살 거라고 **확신해요.** ★ settle down 정착해 살다

Speak & Write

주어진 우리말 문장을 영어로 말하고 써 보세요.

❶ 그들이 여기에 정착해 살 거라고 확신해요.
I _____ no doubt that they will _____ _____ here.

❷ 그녀가 돌아올 거라고 확신해요.
I have no _____ that she'll _____ _____.

❸ 그가 여전히 살아 있다고 확신해요.
I have _____ _____ that he's _____ _____.

❹ 네가 그걸 할 수 있다고 확신해.
I _____ no doubt _____ you _____ _____ it.

❺ 그가 대학을 나왔다는 것에는 의심의 여지가 없어요.
I have _____ doubt that he _____ from _____.

What I'm saying is that ~.

내 말은 ~라는 거예요.

내가 했던 말이나 의견을 다시 한 번 명확하게 말해 줄 때 쓰는 패턴입니다. 비슷한 의미를 가진 What I mean is that... 패턴도 원어민들이 즐겨 쓰는 표현이니 함께 기억해 두세요.

115.MP3

Listen & Repeat

잘 듣고 큰 소리로 따라 말해 보세요.

☐ **What I'm saying is that I love her.**
내 말은 내가 그녀를 사랑한다는 거예요.

☐ **What I'm saying is that I hate you.**
내 말은 난 네가 싫다는 거야.

☐ **What I'm saying is that it's not true.**
제 말은 그게 사실이 아니라는 거예요.

☐ **What I'm saying is that I don't agree.**
제 말은 제가 동의하지 않는다는 거예요.

☐ **What I'm saying is that I'm really sorry.**
내 말은 내가 정말 미안하다는 거야.

 주어진 우리말 문장을 영어로 말하고 써 보세요.

Speak & Write

❶ 내 말은 내가 정말 미안하다는 거야.
What _____ saying is that I'm _____ _____.

❷ 제 말은 제가 동의하지 않는다는 거예요.
What I'm _____ is that I _____ _____.

❸ 내 말은 내가 그녀를 사랑한다는 거예요.
_____ _____ saying is that I _____ _____.

❹ 제 말은 그게 사실이 아니라는 거예요.
What _____ _____ is that it's _____ _____.

❺ 내 말은 난 네가 싫다는 거야.
_____ I'm _____ is that I _____ _____.

There's no need to ~.

~할 필요 없어요.

불필요한 행동을 굳이 할 필요가 없다고 말할 때 쓰는 패턴입니다. 일상적인 대화에서는 앞에 있는 There's를 빼고 더 간단하게 No need to...라고만 말하기도 합니다.

116.MP3

Listen & Repeat

잘 듣고 큰 소리로 따라 말해 보세요.

☐ **There's no need to hurry.**
서두를 필요 없어.

☐ **There's no need to be scared.**
무서워할 필요 없어요.

☐ **There's no need to call me back.**
나에게 다시 전화 줄 필요 없어요. ★ call ~ back ~에게 다시 전화하다

☐ **There's no need to go on a diet.**
다이어트할 필요 없어. ★ go on a diet 다이어트하다

☐ **There's no need to submit your proposal today.**
오늘 제안서를 제출할 필요 없어요.

Speak & Write

주어진 우리말 문장을 영어로 말하고 써 보세요.

❶ 나에게 다시 전화 줄 필요 없어요.
_____ no need to _____ me _____.

❷ 오늘 제안서를 제출할 필요 없어요.
There's _____ need to _____ your _____ today.

❸ 무서워할 필요 없어요.
There's no _____ to _____ _____.

❹ 다이어트할 필요 없어.
There's no need _____ _____ _____ a _____.

❺ 서두를 필요 없어.
_____ _____ need to _____.

Let's say that ~.

~라고 가정해 봅시다. / ~라고 칩시다.

상대방에게 복잡하거나 어려운 내용을 예를 들어 설명할 때 쓰는 패턴입니다. 직역하면 '말해 봅시다'니까 그렇게 한번 가정해 보자는 뜻이죠. 무언가를 가정할 때 if만 쓰는 게 지겨웠다면 이 패턴도 활용해 보세요.

117.MP3

Listen & Repeat

잘 듣고 큰 소리로 따라 말해 보세요.

Let's say that you're right.
당신이 옳다고 가정해 봅시다.

Let's say that you have a baby.
당신한테 아기가 있다고 가정해 봅시다.

Let's say that we have a lot of money.
우리한테 돈이 많다고 가정해 보자.

Let's say that he is your boyfriend.
그가 네 남자친구라고 치자.

Let's say that she doesn't prefer your design.
그녀가 당신의 디자인을 선호하지 않는다고 가정해 봅시다.　★ prefer 선호하다

Speak & Write

주어진 우리말 문장을 영어로 말하고 써 보세요.

❶ 우리한테 돈이 많다고 가정해 보자.
_____ say that we have a _____ of _____.

❷ 그녀가 당신의 디자인을 선호하지 않는다고 가정해 봅시다.
Let's _____ that she _____ _____ your design.

❸ 당신이 옳다고 가정해 봅시다.
Let's _____ _____ you're _____.

❹ 그가 네 남자친구라고 치자.
_____ _____ that he is _____ _____.

❺ 당신한테 아기가 있다고 가정해 봅시다.
Let's _____ that you _____ a _____.

▶ 다음 문장을 주어진 패턴을 활용해 영어로 바꿔 말해 보세요.

He opened the door.
그가 문을 열었어요.

1 그가 문을 열었다고 확신해요. **I have no doubt that**

....

2 문을 열 필요 없어요. **There's no need to**

....

3 내가 아는 전부는 그가 문을 열었다는 것뿐이에요. **All I know is that**

....

4 그가 문을 열었다고 가정해 봅시다. **Let's say that**

....

5 내 말은 그가 문을 열었다는 거예요. **What I'm saying is that**

....

정답 1 I have no doubt that he opened the door.   2 There's no need to open the door.
3 All I know is that he opened the door.   4 Let's say that he opened the door.
5 What I'm saying is that he opened the door.

break 구동사

break는 '부서지다, 부수다'란 뜻의 동사입니다. **break up**은 '완전히(up) 부서지다(break)'인데요, 연인이나 부부 관계가 완전히 부서지면 '헤어지다'라는 의미가 되겠죠. '~와 헤어지다'라고 할 때는 **break up with** 형태를 사용합니다. 한편 **break down**은 '부서져서(break) 아래로 내려가다(down)'입니다. 기계가 부서져서 내려가면 '고장 나다', 관계나 회담이 부서져서 내려가면 '실패하다, 결렬되다'라는 의미가 됩니다. **break in**은 '부수고(break) 안으로 들어가다(in)'이므로, 말 그대로 도둑이나 강도가 건물 등에 '침입하다'라는 의미입니다. 이와 비슷하게 **break into**에도 '침입하다'란 뜻이 있는데요, '부수고(break) 상태 안으로 들어가다(into)'는 것도 나타내기 때문에 '갑자기 ~하기 시작하다'라는 의미로도 쓰입니다. 마지막으로 **break out**은 '부수고(break) 밖으로 나오다(out)'입니다. 화재나 전염병 같은 안 좋은 것들이 갇혀 있다가 세상 밖으로 부수고 나오면 '발생하다'라는 의미가 되지요.

STEP 1 **Listen & Repeat** 잘 듣고 따라 말해 보세요. ▶ 119.MP3

break up 헤어지다 (with)	**I broke up with her.** 난 그녀와 **헤어졌어**.
break down 실패하다, 결렬되다	**The negotiations broke down.** 그 협상은 **실패했어요**.
break in 침입하다	**Somehow, a thief broke in last night.** 어찌된 일인지 어젯밤에 도둑이 **침입했어요**.
break into 갑자기 ~하기 시작하다	**I broke into laughter.** 난 **갑자기 웃음을 터뜨렸어**.
break out (질병·화재 등이) 발생하다	**What did you do when the fire broke out?** 화재가 **발생했을** 때 당신은 어떻게 했나요?

Fill in the blanks 주어진 우리말 문장을 영어로 써 보세요.

1 그 협상은 실패했어요.

The negotiations   .

2 어찌된 일인지 어젯밤에 도둑이 침입했어요.

Somehow, a thief   last night.

3 화재가 발생했을 때 당신은 어떻게 했나요?

What did you do when the fire   ?

4 난 갑자기 웃음을 터뜨렸어.

I   laugher.

5 난 그녀와 헤어졌어.

I   with her.

Speak & Write 주어진 우리말 문장을 영어로 바꿔 말하고 써 보세요.   ▶ 120.MP3

★ 정답 279쪽

1 그들의 거래는 실패했어요. (deal)

_____

2 난 내 남자친구와 헤어졌어.

_____

3 난 갑자기 눈물을 터뜨렸어. (tears)

_____

4 그 바이러스가 발생했을 때 당신은 어떻게 했나요?

_____

5 어찌된 일인지 어젯밤에 한 남자가 침입했어요. (man)

_____

Exercise 1

▶ 앞에서 배운 문장을 활용해 다음 대화를 완성해 보세요.

1

A Are you saying you agree?

동의하신다는 말씀이신가요?

B Never!

절대 아니에요! 제 말은 제가 동의하지 않는다는 거예요.

2

A Do you think Jack is a funny guy?

잭이 웃긴 남자라고 생각하니?

B I think so.
when I heard his joke.

그렇게 생각해. 걔가 한 농담을 들었을 때 난 웃음을 터뜨렸어.

3

A Do you think I'm ready for this job?

내가 이 일을 하기 위한 준비가 되었다고 생각해?

B Of course.

물론이지. 네가 그걸 할 수 있다고 확신해.

4

A

화재가 발생했을 때 당신은 어떻게 했나요?

B I called 911 immediately.

911에 바로 전화했어요.

5

A **Do we have to get up early tomorrow?**

우리 내일 일찍 일어나야 할까?

B **Don't worry.**

걱정 마. 서두를 필요 없어.

6

A **Did you talk with your client?**

당신의 고객과 이야기해 보셨나요?

B **Unfortunately,**

안타깝게도, 그 협상은 실패했어요.

7

A **Can you tell me more about Jessica?**

제시카에 대해 좀 더 말해 줄래?

B **That's all.**

그게 전부야. 내가 아는 건 그녀가 서울에 산다는 것뿐이야.

8

A **Why are the police here? What happened?**

왜 경찰이 여기 있죠? 무슨 일이 있었던 거예요?

B   **I'm very shocked.**

어찌된 일인지 어젯밤에 도둑이 침입했어요. 전 엄청 충격을 받았어요.

121.MP3

★ MP3 파일을 듣고 대화를 따라 말해 보세요.

Exercise 2

★ 정답 279쪽

▶ 패턴과 구동사를 조합해 다음 문장을 말해 보세요.

1
내가 아는 전부는 어제 화재가 발생했다는 것뿐이에요.
All I know is that + **break out**

2
난 그녀가 웃음을 터뜨렸다고 확신해.
I have no doubt that + **break into**

3
제 말은 어젯밤에 도둑이 침입했다는 거예요.
What I'm saying is that + **break in**

4
그녀와 헤어질 필요가 없어.
There's no need to + **break up**

5
그들의 협상이 실패한다고 가정해 봅시다.
Let's say that + **break down**

122.MP3

★ MP3 파일을 듣고 문장을 따라 말해 보세요.

13th WEEK

DAY 061   **If only I could ~.**

DAY 062   **Feel free to ~.**

DAY 063   **I didn't expect to ~.**

DAY 064   **What if ~?**

DAY 065   **What's the harm in -ing ~?**

DAY
061

If only I could ~.

내가 ~할 수만 있다면 좋을 텐데.

어떠한 행동을 하고는 싶지만 실현시키기 힘들 때 한탄하면서 쓰는 패턴입니다.
비슷한 뜻으로 I wish I could...도 많이 사용하니 함께 알아 두세요.

123.MP3

Listen & Repeat

잘 듣고 큰 소리로 따라 말해 보세요.

☐ **If only I could live with you.**
당신과 함께 살 **수만 있다면 좋을 텐데.**

☐ **If only I could meet her again.**
그녀를 다시 만날 **수만 있다면 좋을 텐데.**

☐ **If only I could turn back time.**
내가 시간을 되돌릴 **수만 있다면 좋을 텐데.**   ★ turn back ~을 되돌리다

☐ **If only I could fly like a bird.**
내가 새처럼 날 **수만 있다면 좋겠어.**

☐ **If only I could get some more sleep.**
잠을 좀 더 잘 **수만 있다면 좋겠어요.**

Speak & Write

주어진 우리말 문장을 영어로 말하고 써 보세요.

❶ 내가 새처럼 날 수만 있다면 좋겠어.
If only I _____ _____ _____ a bird.

❷ 잠을 좀 더 잘 수만 있다면 좋겠어요.
If _____ I could _____ some _____ _____.

❸ 그녀를 다시 만날 수만 있다면 좋을 텐데.
If only I _____ _____ her _____.

❹ 당신과 함께 살 수만 있다면 좋을 텐데.
_____ _____ I could _____ _____ you.

❺ 내가 시간을 되돌릴 수만 있다면 좋을 텐데.
_____ _____ I could _____ _____ time.

Feel free to ~.

편하게 ~하세요.

상대방을 배려하면서 특정 행동을 마음 놓고 편하게 하라고 말할 때 쓰는 패턴입니다. 주로 매장 직원이 손님을 상대로 말할 때 많이 쓰는 표현이죠. 앞에 Please 를 넣어서 Please feel free to...라고 하면 좀 더 공손한 표현이 됩니다.

124.MP3

Listen & Repeat

잘 듣고 큰 소리로 따라 말해 보세요.

☐ **Feel free to email me.**
편하게 제게 이메일을 보내 주세요.

☐ **Feel free to use my tablet PC.**
편하게 제 태블릿 PC를 사용하세요.

☐ **Feel free to look around.**
편하게 둘러보세요.   ★ look around 둘러보다

☐ **Feel free to ask any questions.**
어떠한 질문이든 편하게 물어보세요.

☐ **Feel free to tell me what you need.**
필요하신 게 있으면 편하게 말씀해 주세요.

Speak & Write

주어진 우리말 문장을 영어로 말하고 써 보세요.

❶ 편하게 둘러보세요.
Feel free _____ _____ _____.

❷ 필요하신 게 있으면 편하게 말씀해 주세요.
Feel _____ to tell me _____ you _____.

❸ 어떠한 질문이든 편하게 물어보세요.
_____ free to _____ any _____.

❹ 편하게 제게 이메일을 보내 주세요.
_____ _____ to _____ me.

❺ 편하게 제 태블릿 PC를 사용하세요.
Feel _____ _____ _____ my _____ PC.

063 I didn't expect to ~.

~할 거라고 예상 못 했어요.

자신이 어떠한 행동을 예상치 못하게 했을 때 쓰는 패턴입니다. 반대로 그러한 행동을 할 거라고 미리 예상을 했을 경우에는 I expected to...를 쓰면 되죠.

125.MP3

Listen & Repeat

잘 듣고 큰 소리로 따라 말해 보세요.

☐ **I didn't expect to win the game.**
그 경기에서 이길 **거라고 예상 못 했어.**

☐ **I didn't expect to lose my job.**
실직할 **거라고 예상 못 했어요.**

☐ **I didn't expect to get promoted.**
승진할 **거라고 예상 못 했어요.** ★ promote 승진시키다

☐ **I didn't expect to meet my clients.**
제 고객들을 만날 **거라고 예상하지 못했어요.**

☐ **I didn't expect to have a fun time.**
재미있는 시간을 보낼 **거라고 예상 못 했어.**

Speak & Write

주어진 우리말 문장을 영어로 말하고 써 보세요.

① 재미있는 시간을 보낼 거라고 예상 못 했어.
I _____ expect to _____ a _____ time.

② 제 고객들을 만날 거라고 예상하지 못했어요.
_____ _____ expect to _____ my _____.

③ 승진할 거라고 예상 못 했어요.
I _____ _____ to _____ _____.

④ 실직할 거라고 예상 못 했어요.
I didn't _____ to _____ my _____.

⑤ 그 경기에서 이길 거라고 예상 못 했어.
I didn't _____ to _____ the _____.

DAY 064

What if ~?

~하면 어쩌죠?

앞으로 일어날 일에 대해 걱정하면서 쓰는 패턴입니다. 여기서 What if는 What will[would] happen if를 줄여서 쓴 것이죠.

126.MP3

Listen & Repeat

잘 듣고 큰 소리로 따라 말해 보세요.

☐ **What if I'm wrong?**
내가 틀렸으면 어떡하지?

☐ **What if it rains tomorrow?**
내일 비가 오면 어쩌지?

☐ **What if I forget the password?**
내가 비밀번호를 까먹으면 어쩌죠?

☐ **What if I'm late for my flight?**
내가 비행기 시간에 늦으면 어떻게 하죠? ★ flight 비행, 항공편

☐ **What if your parents don't like me?**
당신의 부모님이 날 좋아하지 않으면 어쩌죠?

Speak & Write

주어진 우리말 문장을 영어로 말하고 써 보세요.

❶ 당신의 부모님이 날 좋아하지 않으면 어쩌죠?
_____ if your _____ _____ like me?

❷ 내가 비행기 시간에 늦으면 어떻게 하죠?
What _____ I'm _____ for my _____?

❸ 내일 비가 오면 어쩌지?
What if _____ _____ tomorrow?

❹ 내가 틀렸으면 어떡하지?
_____ _____ I'm _____?

❺ 내가 비밀번호를 까먹으면 어쩌죠?
_____ _____ I _____ the _____?

What's the harm in -ing ~?

~해서 나쁠 거 있어요?

상대가 어떠한 행동을 할 수 있도록 우회해서 권유할 때 쓰는 패턴입니다. 다만 때로는 비꼬는 말투로 들릴 수도 있으니 주의해서 사용하세요.

127.MP3

Listen & Repeat

잘 듣고 큰 소리로 따라 말해 보세요.

What's the harm in trying?
해 봐서 나쁠 거 있어?

What's the harm in asking?
물어봐서 나쁠 거 있어요?

What's the harm in studying hard?
열심히 공부해서 나쁠 거 있어요?

What's the harm in meeting them?
그들을 만나서 나쁠 거 있어요?

What's the harm in applying for a scholarship?
장학금을 신청해서 나쁠 거 있나요? ★ apply for ~을 신청하다

Speak & Write

주어진 우리말 문장을 영어로 말하고 써 보세요.

❶ 물어봐서 나쁠 거 있어요?
_____ the _____ in _____?

❷ 그들을 만나서 나쁠 거 있어요?
What's the _____ _____ _____ them?

❸ 장학금을 신청해서 나쁠 거 있나요?
What's the _____ in _____ _____ a _____?

❹ 해 봐서 나쁠 거 있어?
_____ the harm _____ _____?

❺ 열심히 공부해서 나쁠 거 있어요?
_____ the _____ in _____ _____?

▶ 다음 문장을 주어진 패턴을 활용해 영어로 바꿔 말해 보세요.

I play the game.
나는 그 게임을 해요.

1 그가 그 게임을 하면 어쩌죠? **What if**

....

2 내가 그 게임을 할 거라고 예상 못 했어요. **I didn't expect to**

....

3 내가 그 게임을 할 수만 있다면 좋을 텐데. **If only I could**

....

4 그 게임을 해서 나쁠 거 있어요? **What's the harm in -ing**

....

5 편하게 그 게임을 하세요. **Feel free to**

....

정답 1 What if he plays the game?　2 I didn't expect to play the game.　3 If only I could play the game.
4 What's the harm in playing the game?　5 Feel free to play the game.

cut 구동사

cut의 기본 의미는 '자르다'입니다. **cut in**은 '자르고(cut) 안으로 들어가다(in)'인데요, 사람들이 서 있는 줄을 자르고 들어가면 '새치기하다'란 뜻이 되고, 대화를 자르고 들어가면 '(말하는데) 끼어들다'라는 의미가 됩니다. 반대로 **cut out**은 '밖으로(out) 잘라내다(cut)'입니다. 말 그대로 '오려내다'란 뜻도 되지만 무언가를 위해 딱 맞게 잘려 나왔다는 의미로 **be cut out for**(~에 적합하다, ~에 자질이 있다) 형태로 많이 쓰입니다. 한편 **cut down**은 '잘라서(cut) 내리다(down)'인데요, 가격을 잘라서 내리면 '(가격을) 낮추다', 어떠한 행동이나 수, 규모를 잘라서 내리면 '줄이다'란 뜻이 되죠. **cut away**는 '잘라서(cut) 멀리 두다(away)'로, 쓸모 없는 부분을 '잘라내다, 잘라서 버리다'라는 의미로 쓰입니다. 마지막으로 **cut off**는 '잘라서(cut) 떨어뜨리다(off)'입니다. 전기나 수도 등의 공급을 잘라서 떨어뜨리면 '끊다, 차단하다'라는 의미가 됩니다.

STEP 1 **Listen & Repeat** 잘 듣고 따라 말해 보세요. ▶ 129.MP3

cut in 끼어들다	**They suddenly cut in line.** 그들이 갑자기 줄에 **끼어들었어**.
be cut out for ~에 적합하다	**I'm not cut out for this job.** 난 이 일에 **적합하지** 않아요.
cut down 낮추다, 줄이다	**Can you cut down the price?** 가격을 **낮춰** 주실 수 있나요?
cut away 잘라내다, 잘라 없애다	**I want to cut away this part.** 이 부분을 **잘라내고** 싶어요.
cut off (공급을) 끊다, 차단하다	**The building manager cut off the electricity.** 빌딩 관리인이 전기를 **끊었어요**.

STEP 2 **Fill in the blanks** 주어진 우리말 문장을 영어로 써 보세요.

1 이 부분을 잘라내고 싶어요.
I want to　　　　　　　　　　　　　this part.

2 그들이 갑자기 줄에 끼어들었어.
They suddenly　　　　　　　　　　line.

3 난 이 일에 적합하지 않아요.
I'm not　　　　　　　　　　　　　　this job.

4 빌딩 관리인이 전기를 끊었어요.
The building manager　　　　　　　　the electricity.

5 가격을 낮춰 주실 수 있나요?
Can you　　　　　　　　　　the price?

STEP 3 **Speak & Write** 주어진 우리말 문장을 영어로 바꿔 말하고 써 보세요. ▶ 130.MP3

★ 정답 280쪽

1 빌딩 관리인이 수도를 끊었어요.
_____

2 난 가르치는 일에 적합하지 않아요.
_____

3 내 친구들이 갑자기 줄에 끼어들었어.
_____

4 비용을 줄여 주실 수 있나요? (cost)
_____

5 이 나뭇가지를 잘라내고 싶어요. (branch)
_____

Exercise 1

▶ 앞에서 배운 문장을 활용해 다음 대화를 완성해 보세요.

1

A I can't believe we won the game!

우리가 경기에서 이기다니 믿을 수 없어!

B Me neither.

나도 마찬가지야. 난 그 경기에서 이길 거라고 예상 못 했어.

2

A What do you think of your new job?

새로운 일은 어때요?

B I should find another one.

다른 일을 찾아야겠어요. 저는 이 일에 적합하지 않아요.

3

A Can I ask you some more questions?

좀 더 질문을 드려도 될까요?

B No problem.

문제 없어요. 어떠한 질문이든 편하게 물어보세요.

4

A This is the cheapest one.

이게 가장 싼 거예요.

B No way.

말도 안돼요. 가격을 낮춰 주실 수 있나요?

5

A We are going on a picnic tomorrow.

우리 내일 소풍 갈 거야.

B Tomorrow?

내일이라고? 내일 비가 오면 어쩌지?

6

A Can you finish your work today?

오늘 일을 끝낼 수 있나요?

B I'm not sure.

잘 모르겠어요. 빌딩 관리인이 전기를 끊었어요.

7

A Is it helpful to meet my clients?

제 고객들을 만나는 게 도움이 될까요?

B Sure!

물론이죠! 그들을 만나서 나쁠 거 있어요?

8

A Is there anything you want to change?

당신이 바꾸고 싶은 게 있나요?

B This wing part is dirty.

이 날개 부분이 더럽네요. 이 부분을 잘라내고 싶어요.

131.MP3

★ MP3 파일을 듣고 대화를 따라 말해 보세요.

Exercise 2

★ 정답 280쪽

▶ 패턴과 구동사를 조합해 다음 문장을 말해 보세요.

1
제가 비용을 줄일 거라고 예상하지 못했어요.
I didn't expect to + **cut down**

2
편하게 줄에 끼어드세요.
Feel free to + **cut in**

3
내가 전기를 끊을 수만 있다면 좋을 텐데.
If only I could + **cut off**

4
제가 이 일에 적합하지 않다면 어떡하죠?
What if + **be cut out for**

5
이 나뭇가지를 잘라내서 나쁠 게 있나요?
What's the harm in -ing + **cut away**

132.MP3

★ MP3 파일을 듣고 문장을 따라 말해 보세요.

14th WEEK

DAY 066 **What do you say we ~?**

DAY 067 **Can you help me ~?**

DAY 068 **It bothers me that ~.**

DAY 069 **It's not like you ~.**

DAY 070 **How dare you ~!**

What do you say we ~?

우리 ~하는 거 어때요?

상대방에게 무언가를 함께 하자고 제안할 때 쓰는 패턴입니다. 뒤에는 동사원형이 오죠. 참고로 What do you say?라고만 하면 '당신 생각은 어때요?'라는 의미가 되니 함께 알아 두세요.

133.MP3

Listen & Repeat

잘 듣고 큰 소리로 따라 말해 보세요.

☐ **What do you say we play tennis?**
우리 테니스 치는 거 어때?

☐ **What do you say we go for a drink?**
우리 한잔하러 가는 거 어때?

☐ **What do you say we take a break?**
우리 잠깐 쉬는 거 어때요? ★ take a break 휴식을 취하다

☐ **What do you say we eat out tonight?**
우리 오늘 밤에 외식하는 거 어때요? ★ eat out 외식하다

☐ **What do you say we go to the party?**
우리 그 파티에 가는 거 어때요?

Speak & Write

주어진 우리말 문장을 영어로 말하고 써 보세요.

❶ 우리 그 파티에 가는 거 어때요?
What _____ you say we _____ to the _____?

❷ 우리 잠깐 쉬는 거 어때요?
What do you _____ we _____ a _____?

❸ 우리 테니스 치는 거 어때?
_____ do you say we _____ _____?

❹ 우리 오늘 밤에 외식하는 거 어때요?
What do you _____ _____ eat _____ tonight?

❺ 우리 한잔하러 가는 거 어때?
_____ do you _____ we _____ for a _____?

Can you help me ~?

~하는 것 좀 도와주실래요?

무언가를 혼자 하기 힘들 때 상대방에게 도와 달라고 요청하면서 쓰는 패턴입니다. 동사 help는 뒤에 to부정사와 동사원형을 모두 쓸 수 있지만, to를 생략하고 동사만 말하는 경우가 더 많아요.

134.MP3

Listen & Repeat

잘 듣고 큰 소리로 따라 말해 보세요.

☐ **Can you help me call a taxi?**
택시 부르는 것 좀 도와주실래요?

☐ **Can you help me find my seat?**
제 자리 찾는 것 좀 도와주실래요?

☐ **Can you help me set the table?**
상 차리는 것 좀 도와줄래? ★ set (식탁을) 차리다

☐ **Can you help me open the bottle?**
병 여는 것 좀 도와줄래요?

☐ **Can you help me do my homework?**
숙제 하는 것 좀 도와주실래요?

Speak & Write

주어진 우리말 문장을 영어로 말하고 써 보세요.

❶ 제 자리 찾는 것 좀 도와주실래요?
_____ you help me _____ my _____?

❷ 병 여는 것 좀 도와줄래요?
Can you _____ me _____ the _____?

❸ 숙제 하는 것 좀 도와주실래요?
_____ _____ help me _____ my _____?

❹ 택시 부르는 것 좀 도와주실래요?
Can _____ _____ me _____ a _____?

❺ 상 차리는 것 좀 도와줄래?
Can you _____ _____ _____ the _____?

It bothers me that ~.

~라는 게 마음에 걸려요.

bother는 '신경 쓰이게 하다'라는 의미인데요, 어떠한 사실에 대해 자꾸 신경이 쓰이고 마음이 걸릴 때 쓰는 패턴입니다. 반대로, 전혀 신경이 안 쓰일 때는 It doesn't bother me that...으로 말하면 됩니다.

135.MP3

Listen & Repeat

잘 듣고 큰 소리로 따라 말해 보세요.

☐ **It bothers me that he lives alone.**
그가 혼자 사는 게 마음에 걸려요.

☐ **It bothers me that I made a mistake.**
내가 실수한 게 마음에 걸려.

☐ **It bothers me that they spend time together.**
그들이 함께 시간 보내는 게 마음에 걸려.

☐ **It bothers me that I didn't finish my work.**
제가 일을 끝내지 않은 게 마음에 걸려요.

☐ **It bothers me that my new manager doesn't like me.**
새로 온 매니저가 저를 좋아하지 않는 게 마음에 걸려요.

Speak & Write

주어진 우리말 문장을 영어로 말하고 써 보세요.

❶ 그들이 함께 시간 보내는 게 마음에 걸려.
It _____ me that they _____ _____ together.

❷ 제가 일을 끝내지 않은 게 마음에 걸려요.
It _____ _____ that I didn't _____ my work.

❸ 그가 혼자 사는 게 마음에 걸려요.
It bothers _____ that he _____ _____.

❹ 새로 온 매니저가 저를 좋아하지 않는 게 마음에 걸려요.
It _____ me _____ my new _____ doesn't like me.

❺ 내가 실수한 게 마음에 걸려.
_____ _____ _____ that I made a _____.

DAY 069

It's not like you ~.

당신이 ~한 것도 아니잖아요.

136.MP3

상대방에게 살짝 핀잔을 주고 싶을 때 사용하는 패턴입니다. 뒤에는 동사가 오는데 'to + 동사'를 써서 It's not like you to + 동사.라고 하면 '~하는 건 당신답지 않아요'라는 다른 의미가 됩니다. 예를 들어 It's not like you to give up.(포기하는 건 너답지 않아.)처럼 쓸 수 있죠.

Listen & Repeat

잘 듣고 큰 소리로 따라 말해 보세요.

☐ **It's not like you're perfect.**
당신이 완벽한 것도 아니잖아요.

☐ **It's not like you're my mom.**
네가 우리 엄마인 것도 아니잖아.

☐ **It's not like you can come here.**
당신이 여기 올 수 있는 것도 아니잖아요.

☐ **It's not like you can change it.**
당신이 그걸 바꿀 수 있는 것도 아니잖아요.

☐ **It's not like you're in love with him.**
네가 그와 사랑에 빠진 것도 아니잖아. ★ be in love with ~와 사랑에 빠지다

Speak & Write

주어진 우리말 문장을 영어로 말하고 써 보세요.

❶ 네가 그와 사랑에 빠진 것도 아니잖아.
It's _____ like you're in _____ _____ him.

❷ 당신이 여기 올 수 있는 것도 아니잖아요.
It's not _____ you _____ _____ here.

❸ 당신이 완벽한 것도 아니잖아요.
It's _____ _____ you're _____.

❹ 당신이 그걸 바꿀 수 있는 것도 아니잖아요.
_____ _____ like you _____ _____ it.

❺ 네가 우리 엄마인 것도 아니잖아.
It's _____ _____ you're my _____.

DAY 070

How dare you ~!
네가 감히 어떻게 ~할 수 있어!

개인적인 도덕 기준상, 상대방의 말이나 행동이 도저히 용납되지 않을 때 쓰는 패턴입니다. 참고로 상대방에게 화가 났을 때는 How dare you!만 단독으로 써서 표현하기도 하죠.

137.MP3

Listen & Repeat

잘 듣고 큰 소리로 따라 말해 보세요.

☐ **How dare you lie to me!**
네가 감히 어떻게 나에게 거짓말을 할 수 있어!

☐ **How dare you judge me!**
네가 감히 어떻게 나를 판단할 수 있어!

☐ **How dare you cheat on me!**
네가 감히 어떻게 나 몰래 바람을 피울 수 있어! ★ cheat on ~가 모르게 바람을 피우다

☐ **How dare you shout at your parents!**
네가 감히 어떻게 네 부모님에게 소리를 지를 수 있어!

☐ **How dare you say that to me!**
네가 감히 어떻게 나에게 그런 말을 할 수 있어!

Speak & Write

주어진 우리말 문장을 영어로 말하고 써 보세요.

❶ 네가 감히 어떻게 나를 판단할 수 있어!
How _____ you _____ _____!

❷ 네가 감히 어떻게 네 부모님에게 소리를 지를 수 있어!
_____ dare you _____ _____ your _____!

❸ 네가 감히 어떻게 나 몰래 바람을 피울 수 있어!
_____ dare you _____ _____ me!

❹ 네가 감히 어떻게 나에게 거짓말을 할 수 있어!
How _____ _____ _____ to me!

❺ 네가 감히 어떻게 나에게 그런 말을 할 수 있어!
_____ _____ you _____ that _____ me!

▶ 다음 문장을 주어진 패턴을 활용해 영어로 바꿔 말해 보세요.

I buy the car.
난 그 차를 사요.

1 그녀가 그 차를 산 게 마음에 걸려요. **It bothers me that**

....

2 당신이 그 차를 산 것도 아니잖아요. **It's not like you**

....

3 네가 감히 어떻게 그 차를 살 수 있어! **How dare you**

....

4 우리 그 차를 사는 게 어때요? **What do you say we**

....

5 그 차를 사는 것 좀 도와주실래요? **Can you help me**

....

정답 1 It bothers me that she bought the car. 2 It's not like you bought the car.
3 How dare you buy the car! 4 What do you say we buy the car?
5 Can you help me buy the car?

stand 구동사

stand의 기본 의미는 '서 있다, 서다'입니다. stand up은 많이들 알고 계시듯 '일어서다'라는 뜻도 있지만, stand someone up 형태로 쓰면 다른 사람을 '위로(up) 세워놓는(stand)' 것이므로, 약속 장소에 나타나지 않고 상대를 '바람맞히다'라는 의미가 됩니다. 한편 stand out은 '밖에(out) 서 있다(stand)'인데요, 남들과 섞여 있지 않고 혼자 밖에서 눈에 띄게 서 있는 거니까 '두드러지다, 돋보이다'라는 의미로 쓰입니다. stand for는 '~을 향하여(for) 서다(stand)'입니다. 어떤 약어나 상징물이 '의미하다, 나타내다'라는 뜻을 갖습니다. stand by는 '옆에(by) 서다(stand)'라는 말 그대로 누군가가 힘들 때 그 사람 옆에 서서 '~의 곁을 지키다'라는 의미입니다. 마지막으로 stand back은 '뒤로(back) 서다(stand)'인데요, 물리적으로 '뒤로 물러서다'란 뜻도 있지만 어떠한 상황에서 '뒤로 물러나 생각해 보다'라는 의미도 갖습니다.

STEP 1 **Listen & Repeat** 잘 듣고 따라 말해 보세요. ▶ 139.MP3

stand up	She **stood** me **up** last night.
바람맞히다	어젯밤에 그녀가 날 **바람맞혔어.**

stand out	Her beauty **stands out.**
돋보이다, 두드러지다	그녀의 아름다움이 **돋보이네요.**

stand for	What does CPI **stand for?**
나타내다	CPI는 무엇을 **나타내나요?**

stand by	I'll always **stand by** you.
(사람의) 곁을 지키다	내가 항상 당신 **곁을 지킬게요.**

stand back	We should **stand back** first.
뒤로 물러나 생각하다	우리는 일단 **뒤로 물러나 생각해야** 합니다.

STEP
2

Fill in the blanks 주어진 우리말 문장을 영어로 써 보세요.

❶ CPI는 무엇을 나타내나요?
What does CPI ▨▨▨▨▨ ▨▨▨▨▨ ?

❷ 그녀의 아름다움이 돋보이네요.
Her beauty ▨▨▨▨▨ ▨▨▨▨▨ .

❸ 우리는 일단 뒤로 물러나 생각해야 합니다.
We should ▨▨▨▨▨ ▨▨▨▨▨ first.

❹ 어젯밤에 그녀가 날 바람맞혔어.
She ▨▨▨▨▨ me ▨▨▨▨▨ last night.

❺ 내가 항상 당신 곁을 지킬게요.
I'll always ▨▨▨▨▨ ▨▨▨▨▨ you.

STEP
3

Speak & Write 주어진 우리말 문장을 영어로 바꿔 말하고 써 보세요. ▶ 140.MP3

★ 정답 280쪽

❶ USA는 무엇을 나타내나요?

_____

❷ 어젯밤에 그녀가 내 친구를 바람맞혔어.

_____

❸ 내가 항상 당신의 가족 곁을 지킬게요.

_____

❹ 모든 학생들은 일단 뒤로 물러나 생각해야 합니다. (all)

_____

❺ 그녀의 재능이 돋보이네요. (talent)

_____

Exercise 1

▶ 앞에서 배운 문장을 활용해 다음 대화를 완성해 보세요.

1

A Does your father live alone?

당신의 아버지는 혼자 사시나요?

B How did you know that?

그걸 어떻게 아셨어요? 그가 혼자 사는 게 마음에 걸려요.

2

A Do you know why many soldiers like the actress?

왜 많은 군인들이 그 여배우를 좋아하는지 아세요?

B You don't know why?

왜 그런지 모르겠어요? 그녀의 아름다움이 돋보이잖아요!

3

A Did you gain a lot of weight?

너 살 많이 쪘니?

B Pardon me?

뭐라고? 네가 감히 어떻게 나에게 그런 말을 할 수 있어!

4

A I'm alone. Nobody can help me.

난 혼자야. 아무도 날 도와줄 수 없어.

B Don't say that.

그런 말하지 마. 난 항상 네 곁을 지킬 거야.

5

A Did you do your homework?

너 숙제 했니?

B Not yet.

아니, 아직. 나 숙제 하는 것 좀 도와줄래?

6

A How was your date last night?

어젯밤 데이트는 어땠어?

B Actually,

사실은 어젯밤에 그녀가 날 바람맞혔어.

7

A Do you have any plans for Friday night?

금요일 밤에 무슨 계획 있니?

B Nothing special.

특별히 없어. 우리 한잔하러 가는 거 어때?

8

A I can't wait to talk about their new item!

그들의 신상품에 대해 빨리 이야기하고 싶네요!

B Hold on.

잠시만요. 우리는 일단 뒤로 물러나 생각해야 합니다.

141.MP3

★ MP3 파일을 듣고 대화를 따라 말해 보세요.

Exercise 2

★ 정답 281쪽

▶ 패턴과 구동사를 조합해 다음 문장을 말해 보세요.

1 우리가 뒤로 물러나서 생각해 보는 건 어때요?
What do you say we + stand back

2 그의 이름이 어둠을 상징한다는 것이 마음에 걸리네요. (darkness)
It bothers me that + stand for

3 네가 감히 어떻게 날 바람맞힐 수 있어!
How dare you + stand up

4 당신이 항상 그의 곁을 지키는 것도 아니잖아요.
It's not like you + stand by

5 제가 돋보이도록 좀 도와주실래요?
Can you help me + stand out

142.MP3

★ MP3 파일을 듣고 문장을 따라 말해 보세요.

15th WEEK

DAY 071   **I'm itching to ~.**

DAY 072   **I'm telling you, ~.**

DAY 073   **I can't bring myself to ~.**

DAY 074   **I was wrong to ~.**

DAY 075   **You have every right to ~.**

DAY 071

I'm itching to ~.

~하고 싶어서 몸이 근질거려요.

itching은 '가려운'이란 뜻인데요, 몸이 가려워서 가만히 있지 못할 정도로 어떠한 일을 몹시 하고 싶을 때 쓰는 패턴입니다. 이와 비슷한 표현인 I'm dying to...도 '~하고 싶어 죽겠어요'란 뜻으로, 강하게 원하는 일을 말할 때 사용하죠.

143.MP3

Listen & Repeat

잘 듣고 큰 소리로 따라 말해 보세요.

I'm itching to work out.
운동하고 싶어서 몸이 근질거려.

I'm itching to talk about it.
그것에 대해 이야기하고 싶어서 몸이 근질거려.

I'm itching to go on vacation.
휴가 가고 싶어서 몸이 근질거려요.

I'm itching to watch the movie.
그 영화 보고 싶어서 몸이 근질거려요.

I'm itching to buy a new coffee machine.
새로운 커피 기계를 사고 싶어서 몸이 근질거려요.

주어진 우리말 문장을 영어로 말하고 써 보세요.

Speak & Write

❶ 휴가 가고 싶어서 몸이 근질거려요.
_____ itching to _____ on _____.

❷ 그 영화 보고 싶어서 몸이 근질거려요.
I'm _____ to _____ the _____.

❸ 그것에 대해 이야기하고 싶어서 몸이 근질거려.
I'm itching _____ _____ _____ it.

❹ 새로운 커피 기계를 사고 싶어서 몸이 근질거려요.
I'm itching _____ _____ a _____ coffee machine.

❺ 운동하고 싶어서 몸이 근질거려.
_____ _____ to _____ _____.

DAY 072

I'm telling you, ~.

정말이지 ~예요.

자신이 하고 있는 말이 사실이라고 강조할 때 쓰는 표현이에요. 상대방이 내 말을 안 믿는 것 같을 때 I'm telling you!라고 하면 '정말이라고!'라는 의미가 됩니다.

144.MP3

Listen & Repeat

잘 듣고 큰 소리로 따라 말해 보세요.

☐ **I'm telling you, I'm full.**
정말이지 나 배불러. ★ full 배가 부른

☐ **I'm telling you, it's over.**
정말이지 그건 끝났어.

☐ **I'm telling you, she is single.**
정말로 그녀는 미혼이에요. ★ single 미혼의, 독신의

☐ **I'm telling you, this is my house.**
정말로 이게 내 집이에요.

☐ **I'm telling you, he is a good person.**
정말이지 그는 좋은 사람이에요.

Speak & Write

주어진 우리말 문장을 영어로 말하고 써 보세요.

❶ 정말이지 그건 끝났어.
_____ telling _____, it's _____.

❷ 정말이지 그는 좋은 사람이에요.
I'm _____ you, he is a _____ _____.

❸ 정말로 그녀는 미혼이에요.
I'm telling _____, she is _____.

❹ 정말이지 나 배불러.
_____ _____ you, _____ _____.

❺ 정말로 이게 내 집이에요.
I'm _____ _____, this is _____ _____.

I can't bring myself to ~.

~하는 것이 내키지 않아요.

어떠한 행동을 하는 것이 좀 불편해서 선뜻 내키지 않을 때 쓰는 패턴입니다. 해야 하는 일이지만 내 마음은 쉽게 가지 않는 상황에서 쓸 수 있죠.

145.MP3

Listen & Repeat

잘 듣고 큰 소리로 따라 말해 보세요.

I can't bring myself to lie.
거짓말하는 것이 안 내켜.

I can't bring myself to answer his call.
그의 전화를 받는 것이 내키지 않아요.

I can't bring myself to talk with them.
그들과 이야기하는 것이 내키지 않아요.

I can't bring myself to go to the park.
공원에 가는 게 안 내켜요.

I can't bring myself to get off work late.
늦게 퇴근하는 것이 내키지 않아요. ★ get off work 퇴근하다

Speak & Write

주어진 우리말 문장을 영어로 말하고 써 보세요.

❶ 그의 전화를 받는 것이 내키지 않아요.
I can't bring _____ to _____ his _____.

❷ 늦게 퇴근하는 것이 내키지 않아요.
I _____ bring myself to _____ _____ work late.

❸ 그들과 이야기하는 것이 내키지 않아요.
I can't _____ myself _____ _____ with them.

❹ 거짓말하는 것이 안 내켜.
I can't _____ _____ to _____.

❺ 공원에 가는 게 안 내켜요.
I _____ _____ myself to _____ to the _____.

D A Y
074

I was wrong to ~.

~한 것은 잘못이었어요.

자신의 행동이 잘못되었음을 인정하거나, 자신이 저지른 어떤 일에 대해 자책할 때 쓰는 패턴입니다. 반대로 자신의 행동이 옳았다고 말할 때는 I was right to...를 쓰면 되죠.

146.MP3

Listen & Repeat

잘 듣고 큰 소리로 따라 말해 보세요.

☐ **I was wrong to tell you this.**
너한테 이걸 말한 건 잘못이었어.

☐ **I was wrong to contact them.**
그들에게 연락한 건 잘못이었어요.

☐ **I was wrong to sell my house.**
내 집을 판 건 잘못이었어요.

☐ **I was wrong to collaborate with her.**
그녀와 협업한 건 잘못이었어요. ★ collaborate 협력하다, 공동 작업하다

☐ **I was wrong to move to another company.**
다른 회사로 이직한 건 잘못이었어요.

Speak & Write

주어진 우리말 문장을 영어로 말하고 써 보세요.

❶ 그들에게 연락한 건 잘못이었어요.
I _____ wrong _____ _____ them.

❷ 그녀와 협업한 건 잘못이었어요.
I was _____ to _____ _____ her.

❸ 다른 회사로 이직한 건 잘못이었어요.
I was wrong _____ _____ to another _____.

❹ 너한테 이걸 말한 건 잘못이었어.
I was _____ _____ _____ you this.

❺ 내 집을 판 건 잘못이었어요.
I _____ _____ to _____ my _____.

DAY 075

You have every right to ~.

당신은 충분히 ~할 권리가 있어요.

상대방이 어떠한 행동을 할 충분한 권리와 자격이 있다고 말할 때 쓰는 패턴입니다. 여기서 right는 '권리, 권한'이라는 뜻이죠. 비슷한 표현인 You have every reason to...는 '당신은 충분히 ~할 이유가 있어요'라는 의미로 쓰입니다.

147.MP3

Listen & Repeat

잘 듣고 큰 소리로 따라 말해 보세요.

☐ **You have every right to be angry.**
넌 충분히 화낼 권리가 있어.

☐ **You have every right to join my club.**
당신은 충분히 내 동호회에 가입할 권리가 있어요.

☐ **You have every right to get some help.**
당신은 충분히 도움을 받을 권리가 있어요.

☐ **You have every right to enjoy your life.**
당신은 충분히 인생을 즐길 권리가 있어요.

☐ **You have every right to complain about that.**
당신은 충분히 그것에 대해 불평할 권리가 있어요.

Speak & Write

주어진 우리말 문장을 영어로 말하고 써 보세요.

❶ 당신은 충분히 도움을 받을 권리가 있어요.
You _____ every _____ to _____ some _____.

❷ 당신은 충분히 그것에 대해 불평할 권리가 있어요.
You have _____ right _____ _____ about that.

❸ 당신은 충분히 내 동호회에 가입할 권리가 있어요.
_____ _____ every right to _____ my _____.

❹ 넌 충분히 화낼 권리가 있어.
You have every _____ to _____ _____.

❺ 당신은 충분히 인생을 즐길 권리가 있어요.
You have _____ _____ to _____ your _____.

▶ 다음 문장을 주어진 패턴을 활용해 영어로 바꿔 말해 보세요.

I call her.
나는 그녀에게 전화해요.

1 그녀에게 전화한 것은 잘못이었어요. **I was wrong to**

....

2 당신은 충분히 그녀에게 전화할 권리가 있어요.
You have every right to

....

3 그녀에게 전화하는 것이 내키지 않아요. **I can't bring myself to**

....

4 정말로 제가 그녀에게 전화했어요. **I'm telling you,**

....

5 그녀에게 전화하고 싶어서 몸이 근질거려요. **I'm itching to**

....

정답 1 I was wrong to call her. 2 You have every right to call her. 3 I can't bring myself to call her.
4 I'm telling you, I called her. 5 I'm itching to call her.

PHRASAL VERB — hang 구동사

hang의 기본 의미는 '걸다, 매달리다'입니다. **hang up**은 '위로(up) 걸다 (hang)'입니다. 유선 전화기를 쓰던 시절에는 전화를 끊으려면 수화기를 전화기 본체 위에 걸었으므로 '전화를 끊다'라는 의미로 쓰입니다. **hang out**은 '밖에(out) 매달려 있다(hang)'입니다. 보통 사람들과 함께 어울려 시간을 보낼 때 바깥으로 나가죠? 그래서 '함께 시간을 보내다'란 뜻으로 쓰입니다. '~와 함께 시간을 보내다'라고 할 때는 이 뒤에 **with**를 넣으면 되죠. **hang on**은 '붙어서(on) 매달리다(hang)'입니다. 어딘가로 떠나지 않고 그대로 붙어서 매달려 있는 것이니 '기다리다'라는 의미가 됩니다. 한편 **hang on to**는 '쪽으로(on to) 매달리다(hang)'이므로 무언가에 매달려 '유지하다' 혹은 '(버리지 않고) 보관하다'라는 의미가 됩니다. 마지막으로 **hang around**는 '주변에(around) 매달리다(hang)'입니다. 딱히 하는 일 없이 주변에서 '서성거리다'라는 의미로 쓰입니다.

STEP 1 **Listen & Repeat** 잘 듣고 따라 말해 보세요. ▶ 149.MP3

hang up (일방적으로) 전화를 끊다 (on)	**Don't hang up** on me. 내 **전화를 끊지** 마.
hang out 함께 시간을 보내다 (with)	I want to **hang out** with her. 그녀와 **함께 시간을 보내고** 싶어요.
hang on 기다리다	**Hang on** for a second. 잠시만 **기다려**.
hang on to 유지하다	I'll **hang on to** my job. 난 내 일을 계속 **유지할** 거예요.
hang around 서성거리다, 배회하다	Why are you **hanging around** here? 넌 왜 여기서 **서성거리고** 있니?

STEP 2 **Fill in the blanks** 주어진 우리말 문장을 영어로 써 보세요.

① 그녀와 함께 시간을 보내고 싶어요.
I want to _____ _____ with her.

② 넌 왜 여기서 서성거리고 있니?
Why are you _____ _____ here?

③ 잠시만 기다려.
_____ _____ for a second.

④ 내 전화를 끊지 마.
Don't _____ on me.

⑤ 난 내 일을 계속 유지할 거예요.
I'll _____ my job.

STEP 3 **Speak & Write** 주어진 우리말 문장을 영어로 바꿔 말하고 써 보세요. 150.MP3

★ 정답 281쪽

① 몇 분만 기다려. (a few)

_____

② 난 내 꿈을 계속 유지할 거예요.

_____

③ 그들은 왜 여기서 서성거리고 있니?

_____

④ 그녀의 전화를 끊지 마.

_____

⑤ 내 친구들과 함께 시간을 보내고 싶어요.

_____

Exercise 1

▶ 앞에서 배운 문장을 활용해 다음 대화를 완성해 보세요.

1

A Do you want to eat some more?

좀 더 드실래요?

B No, thanks.

고맙지만 사양할게요. 정말이지 저 배불러요.

2

A Can we discuss the issue right now?

지금 당장 이 사안에 대해 논의할 수 있을까요?

B Right now?

당장이요? 잠시만 기다려요.

3

A Why don't you talk to him on the phone?

그와 전화로 이야기해 보는 게 어때?

B Maybe later.

다음에 할래. 그의 전화를 받는 것이 내키지 않아.

4

A Will you quit your job?

너 일 그만둘 거니?

B No, I won't.

안 그만둘 건데. 난 내 일을 계속 유지할 거야.

★ 정답 281쪽

5

A I don't want to talk to you anymore.

너랑 더 이상 이야기하고 싶지 않아.

B Wait a second!

잠깐만! 내 전화 끊지 마!

6

A Where do you want to go for your vacation?

휴가로 어디 가고 싶어요?

B Hawaii!

하와이요! 휴가 가고 싶어서 몸이 근질거리네요.

7

A What do you want to do with Rachel?

레이첼과 무엇을 하고 싶어요?

B Let me see.

글쎄요. 그녀와 함께 시간을 보내고 싶어요.

8

A I'm so sorry. I didn't know it was a big secret.

정말 미안해. 그게 큰 비밀인지 몰랐어.

B It's my fault.

내 잘못이야. 너한테 이걸 말한 게 잘못이었어.

151.MP3

★ MP3 파일을 듣고 대화를 따라 말해 보세요.

Exercise 2

★ 정답 281쪽

▶ 패턴과 구동사를 조합해 다음 문장을 말해 보세요.

1
정말로 너는 잠시만 기다려야 해. (should)
I'm telling you + **hang on**

2
넌 충분히 여기서 서성거릴 권리가 있어.
You have every right to + **hang around**

3
내 친구들과 함께 시간 보내고 싶어서 몸이 근질거려요.
I'm itching to + **hang out**

4
내 일을 유지하는 게 내키지 않아요.
I can't bring myself to + **hang on to**

5
(일방적으로) 당신의 전화를 끊은 건 제 잘못이었어요.
I was wrong to + **hang up**

152.MP3

★ MP3 파일을 듣고 문장을 따라 말해 보세요.

미드와 영화를 활용한 영어 공부법

영화나 미드로 재미있게 공부하고 싶은 분들 많으시죠? 그런데 막상 시작하려니 뭐부터 어떻게 해야 할지 잘 모르겠는 분들이 많을 거예요. 이런 분들을 위해 반드시 성공하는 '미드 영어 공부법'을 알려드리겠습니다.

첫째, 공부하고 싶은 한 장면을 선택하세요.

미드 전체를 한꺼번에 통으로 공부하는 것은 너무 힘듭니다. 그러니 일단 1~2분 정도 길이의 장면을 하나 선택하세요. 언뜻 짧아 보이지만 대본으로 작성하면 A4 용지 한 장 정도의 양이 나올 수 있으니 결코 적지 않은 분량입니다.

둘째, 자막 없이 3번 반복해서 보세요.

한 번에 다 들리면 좋겠지만 초보자의 경우, 처음에는 50%도 이해하기 쉽지 않을 겁니다. 하지만 한 번 더 보면 조금 더 들리고, 세 번째 보면 더 많이 들릴 수 있습니다. 하지만 그 이상은 아무리 봐도 계속 안 들릴 가능성이 크니 딱 3번만 보셔도 충분합니다.

셋째, 영어 자막을 켜고 안 들렸던 부분을 확인하세요.

자, 가장 중요한 부분입니다! 자막 없이 안 들렸던 문장이 왜 안 들렸던 건지 원인을 파악할 순서입니다. 발음이 안 들렸던 건지, 단어를 몰랐던 건지, 문장 구조가 너무 복잡했던 건지 등 다양한 이유가 있을 수 있습니다.

넷째. 다시 자막 없이 보면서 무한 반복 시청하세요.

안 들렸던 부분의 문제를 면밀히 파악했다면 이제 자막 없이도 모두 들리기 시작할 겁니다. 다 들린다고 한 번만 듣지 마시고, 여러 번 들으면서 한국말처럼 편하게 들릴 때까지 반복해서 보시면 완전히 내 것이 됩니다.

이런 방식으로 영어를 공부하면 여러분들도 언젠가는 미드나 영화를 자막 없이 즐길 수 있는 날이 올 거예요. 그날이 올 때까지 열심히 공부해 보자고요!

Review 3

A 주어진 패턴을 활용해 다음 문장을 말해 보세요.

① 문 여는 것 좀 도와줄래요? (**Can you help me**)

_____

② 그에게 전화할 필요 없어요. (**There's no need to**)

_____

③ 편하게 제게 전화 주세요. (**Feel free to**)

_____

④ 당신은 충분히 행복할 권리가 있어요. (**You have every right to**)

_____

⑤ 그들이 못 온다니 아쉽네요. (**It's a shame that**)

_____

B 아래 상자에서 맞는 구동사를 찾은 후, 알맞게 활용해 빈칸을 채우세요.

| break out | come off | cut away | stand for | hang on |

① 저 부분을 잘라내고 싶어요.

I want to _____ _____ that part.

② EIA는 무엇을 나타내나요?

What does EIA _____ _____?

③ 이 얼룩이 지워졌어.

This stain _____ _____.

④ 어제 화재가 발생했어요.

The fire _____ _____ yesterday.

⑤ 잠깐만 기다려.

_____ _____ for a moment.

C 우리말 해석을 보고 빈칸을 채우세요.

① 내 프로젝트가 잘 진행된다고 가정해 보자.

Let's _____ that my project is _____ _____ well.

② 그의 차가 고장 났다는 느낌이 들어.

I have a _____ that his car _____ _____.

③ 당신이 가격을 낮춘 것도 아니잖아요.

It's not _____ you _____ _____ the price.

④ 내가 당신의 곁을 지킬 수만 있다면 좋을 텐데.

_____ _____ I could _____ _____ you.

⑤ 그가 제 전화를 끊어버린 것이 마음에 걸려요.

It _____ me that he _____ _____ on me.

⑥ 난 돋보일 거라고 예상하지 못했어요.

I didn't _____ to _____ _____.

⑦ 여기서 서성일 필요 없어요.

There's no _____ to _____ _____ here.

⑧ 내가 갑자기 울음을 터뜨렸던 게 창피해.

I'm _____ that I _____ _____ tears.

⑨ 내가 아는 전부는 그들이 전기를 끊었다는 것뿐이에요.

_____ I know is that they _____ _____ the electricity.

⑩ 그녀의 책이 곧 나올 거라 확신해요.

I have no _____ that her book will _____ _____ soon.

D 지금까지 배운 패턴과 구동사를 조합해 다음 문장을 말해 보세요.

① 내 말은 내 남친이 날 바람맞혔다는 거야.
What I'm saying is that + stand up

② 네가 감히 어떻게 여기에 침입할 수 있어!
How dare you + break in

③ 제가 줄에 끼어든 건 잘못이었어요.
I was wrong to + cut in

④ 그녀와 헤어지고 싶어서 몸이 근질거려.
I'm itching to + break up

⑤ 우리 오늘 같이 시간 보내는 게 어때?
What do you say we + hang out

⑥ 더 나쁜 건 내가 이 일에 적합하지 않다는 거예요.
What's worse is that + be cut out for

153.MP3

★ MP3 파일을 듣고 문장을 따라 말해 보세요.

16th WEEK

DAY 076   **Why would I ~?**

DAY 077   **I just found out that ~.**

DAY 078   **I'd appreciate it if you could ~.**

DAY 079   **It's my job to ~.**

DAY 080   **All you have to do is ~.**

DAY 076

Why would I ~?

내가 왜 ~하겠어요?

상대방이 나에 대해 오해했거나 틀린 말을 했을 때 반론하면서 쓰는 패턴입니다. 조동사 would가 들어간 표현이므로 뒤에는 동사원형이 오죠. 원어민들은 Why would I를 [와이우라이] 혹은 [와우라이]로 발음하는 경우가 많으니 들을 때 놓치지 않도록 주의하세요.

154.MP3

Listen & Repeat

잘 듣고 큰 소리로 따라 말해 보세요.

☐ **Why would I** buy it?
내가 왜 그걸 사겠어요?

☐ **Why would I** like him?
내가 왜 걔를 좋아하겠니?

☐ **Why would I** leave Korea?
내가 왜 한국을 떠나겠어요?

☐ **Why would I** be angry at you?
내가 왜 너한테 화를 내겠어?

☐ **Why would I** invite him to my party?
내가 왜 그를 내 파티에 초대하겠어요?

Speak & Write

주어진 우리말 문장을 영어로 말하고 써 보세요.

❶ 내가 왜 그를 내 파티에 초대하겠어요?
_____ would I _____ him to my _____?

❷ 내가 왜 그걸 사겠어요?
Why _____ I _____ it?

❸ 내가 왜 걔를 좋아하겠니?
Why _____ _____ _____ him?

❹ 내가 왜 한국을 떠나겠어요?
_____ would I _____ _____?

❺ 내가 왜 너한테 화를 내겠어?
_____ _____ I be _____ _____ you?

DAY 077

I just found out that ~.

~라는 것을 막 알았어요.

어떠한 사실이나 정보를 막 알아냈을 때 쓰는 패턴입니다. find는 '(눈에 보이는 것을) 찾다'라는 뜻이지만 find out은 '(정보나 사실 등을) 알아내다'라는 의미이므로 두 표현의 차이를 꼭 기억해 두세요.

155.MP3

Listen & Repeat

잘 듣고 큰 소리로 따라 말해 보세요.

☐ **I just found out that** you gave me a call.
네가 나한테 전화했다는 **걸 막 알았어.** ★ give ~ a call ~에게 전화하다

☐ **I just found out that** she's married.
그녀가 결혼했다는 **것을 막 알았어.**

☐ **I just found out that** they broke up.
걔네가 헤어졌다는 **걸 막 알았어.** ★ break up 헤어지다

☐ **I just found out that** he is coming now.
그가 지금 오고 있다는 **걸 막 알았어요.**

☐ **I just found out that** they rescheduled the meeting.
그들이 회의 일정을 바꿨다는 **것을 막 알았어요.** ★ reschedule ~의 일정을 변경하다

 주어진 우리말 문장을 영어로 말하고 써 보세요.

Speak & Write

❶ 걔네가 헤어졌다는 걸 막 알았어.
I _____ found out that they _____ _____.

❷ 그녀가 결혼했다는 것을 막 알았어.
I just _____ out that _____ _____.

❸ 그들이 회의 일정을 바꿨다는 것을 막 알았어요.
I _____ found _____ that they _____ the _____.

❹ 그가 지금 오고 있다는 걸 막 알았어요.
I _____ _____ out that he is _____ _____.

❺ 네가 나한테 전화했다는 걸 막 알았어.
I just _____ _____ that you _____ me a _____.

DAY 078

I'd appreciate it if you could ~.

당신이 ~해 주신다면 감사하겠어요.

상대에게 어떠한 행동을 해 달라고 정중히 요청할 때 쓰는 패턴입니다. 가끔은
상대방을 비꼴 때도 사용되기 때문에 어조에 주의하기 바랍니다.

156.MP3

Listen & Repeat

잘 듣고 큰 소리로 따라 말해 보세요.

I'd appreciate it if you could be quiet.
조용히 해 주신다면 감사하겠어요.

I'd appreciate it if you could contact me.
제게 연락해 주신다면 감사하겠습니다.

I'd appreciate it if you could run some errands.
심부름을 좀 해 주신다면 감사하겠어요. ★ run an errand 심부름하다

I'd appreciate it if you could take me home.
저를 집에 데려다 **주신다면 감사하겠어요.**

I'd appreciate it if you could stop by my office.
제 사무실에 들러 **주신다면 감사하겠어요.** ★ stop by ~에 들르다

Speak & Write

주어진 우리말 문장을 영어로 말하고 써 보세요.

❶ 저를 집에 데려다 주신다면 감사하겠어요.
I'd appreciate it _____ you _____ _____ me home.

❷ 심부름을 좀 해 주신다면 감사하겠어요.
I'd _____ it if you could _____ some _____.

❸ 조용히 해 주신다면 감사하겠어요.
I'd appreciate it _____ _____ could _____ quiet.

❹ 제 사무실에 들러 주신다면 감사하겠어요.
_____ _____ it if you could _____ _____ my office.

❺ 제게 연락해 주신다면 감사하겠습니다.
_____ appreciate it if you _____ _____ me.

It's my job to ~.

~하는 것이 내 일이에요.

말 그대로 어떠한 행위를 하는 것이 자신의 일이거나 의무일 때 쓰는 패턴입니다. 반대로 내가 해야 하는 일이 아닐 때는 not만 붙여서 It's not my job to...로 말하면 됩니다.

157.MP3

Listen & Repeat

잘 듣고 큰 소리로 따라 말해 보세요.

☐ **It's my job to make videos.**
영상을 만드는 게 내 일이야.

☐ **It's my job to clean this house.**
이 집을 청소하는 게 내 일이야.

☐ **It's my job to raise my kids.**
내 아이들을 키우는 것이 내 일이에요. ★ raise (아이를) 키우다, 기르다

☐ **It's my job to teach them English.**
그들에게 영어를 가르치는 것이 내 일이에요.

☐ **It's my job to search for good information.**
좋은 정보를 찾는 것이 내 일이에요. ★ search for ~을 찾다

Speak & Write

주어진 우리말 문장을 영어로 말하고 써 보세요.

① 좋은 정보를 찾는 것이 내 일이에요.
It's my job _____ _____ _____ good information.

② 그들에게 영어를 가르치는 것이 내 일이에요.
It's my _____ to _____ them _____.

③ 영상을 만드는 게 내 일이야.
_____ my job to _____ _____.

④ 이 집을 청소하는 게 내 일이야.
It's my _____ _____ _____ this _____.

⑤ 내 아이들을 키우는 것이 내 일이에요.
_____ _____ job to _____ my _____.

All you have to do is ~.
당신은 ~하기만 하면 돼요.

다른 것은 다 필요 없고 오로지 하나만 하면 된다고 말할 때 쓰는 패턴입니다. 원래는 All you have to do is 뒤에 'to + 동사원형'을 쓰는 게 맞지만, 실제 대화에서는 to를 생략하고 말하는 게 일반적이니 참고하세요.

158.MP3

Listen & Repeat

잘 듣고 큰 소리로 따라 말해 보세요.

☐ **All you have to do is follow me.**
넌 날 따라오기만 하면 돼.

☐ **All you have to do is say yes.**
넌 그렇다고 말하기만 하면 돼.

☐ **All you have to do is stay healthy.**
당신은 건강을 유지하기만 하면 돼요.

☐ **All you have to do is take my class.**
당신은 내 수업을 듣기만 하면 돼요.

☐ **All you have to do is invest some money.**
당신은 돈을 좀 투자하기만 하면 돼요. ★ invest 투자하다

Speak & Write

주어진 우리말 문장을 영어로 말하고 써 보세요.

❶ 넌 그렇다고 말하기만 하면 돼.
_____ you have to do is _____ _____.

❷ 당신은 내 수업을 듣기만 하면 돼요.
All you _____ _____ do is _____ my _____.

❸ 당신은 돈을 좀 투자하기만 하면 돼요.
All you _____ to do is _____ some _____.

❹ 넌 날 따라오기만 하면 돼.
_____ _____ have to do _____ _____ me.

❺ 당신은 건강을 유지하기만 하면 돼요.
All you have _____ _____ is _____ _____.

▶ 다음 문장을 주어진 패턴을 활용해 영어로 바꿔 말해 보세요.

I sell it.
난 그것을 판매해요.

1 그가 그것을 판매한다는 것을 막 알았어요. **I just found out that**

....

2 내가 왜 그걸 판매하겠어요? **Why would I**

....

3 당신이 그것을 판매해 주신다면 감사하겠어요.
I'd appreciate it if you could

....

4 당신은 그것을 판매하기만 하면 돼요. **All you have to do is**

....

5 그것을 판매하는 게 내 일이에요. **It's my job to**

....

정답 1 I just found out that he sells it.   2 Why would I sell it?   3 I'd appreciate it if you could sell it.
4 All you have to do is sell it.   5 It's my job to sell it.

PHRASAL VERB

run 구동사

run은 '달리다, 뛰다'라는 의미를 가진 동사입니다. **run into**는 '안쪽으로(into) 달리다(run)'인데요, 길거리를 무심코 달려가다가 아는 사람과 부딪히면 '우연히 마주치다'라는 의미로 쓰입니다. **run away**는 '멀리(away) 달리다(run)'이므로 '도망치다'라는 의미인데, 어떤 것으로부터 도망친다고 할 때는 **run away from** 형태로 사용되죠. **run through**는 '통과해서(through) 달리다(run)'니까 어떠한 내용을 빠르게 통과해서 달려가는 이미지를 연상해 보면 '훑어보다'라는 의미가 됩니다. **run over**는 '넘어서(over) 달리다(run)'인데, 차로 사람이나 동물을 넘어서 달리면 '차로 치다'라는 의미가 되죠. 마지막으로 **run out**은 '달려서(run) 나가다(out)'입니다. 시간이나 돈, 음식 등에서 달려서 나가 버리면 '다 써버리다, 다 떨어지다'라는 의미가 됩니다. '~을 다 써버리다, ~이 다 떨어지다'라고 할 때는 이 뒤에 **of**를 넣어 쓰죠.

STEP 1 Listen & Repeat 잘 듣고 따라 말해 보세요.

▶ 160.MP3

run into (사람을) 우연히 만나다	I **ran into** my ex-girlfriend. 내 전 여자친구를 우연히 만났어.
run away 도망치다 (from)	He **ran away** from home. 그는 집에서 **도망쳤어요**.
run through 훑어보다	I **ran through** his proposal. 난 그의 제안서를 **훑어봤어요**.
run over (사람이) 차로 치다, (차가) 치다	Someone **ran over** my dog. 누군가가 제 개를 **차로 쳤어요**.
run out (돈·물자 등을) 다 쓰다 (of)	They **ran out** of money. 그들은 돈을 **다 써 버렸어**.

STEP 2 **Fill in the blanks** 주어진 우리말 문장을 영어로 써 보세요.

1 그는 집에서 도망쳤어요.
He   from home.

2 그들은 돈을 다 써 버렸어.
They   of money.

3 난 그의 제안서를 훑어봤어요.
I   his proposal.

4 내 전 여자친구를 우연히 만났어.
I   my ex-girlfriend.

5 누군가가 제 개를 차로 쳤어요.
Someone   my dog.

STEP 3 **Speak & Write** 주어진 우리말 문장을 영어로 바꿔 말하고 써 보세요.   ▶ 161.MP3
★ 정답 283쪽

1 그들은 시간을 다 써 버렸어.

_____

2 누군가가 제 고양이를 차로 쳤어요.

_____

3 난 그의 보고서를 훑어봤어요.

_____

4 그는 감옥에서 도망쳤어요. (prison)

_____

5 내 상사를 우연히 만났어. (boss)

_____

Exercise 1

▶ 앞에서 배운 문장을 활용해 다음 대화를 완성해 보세요.

1

A Will you keep dating her?

그녀와 계속 데이트할 거야?

B No, I can't.

아니, 그럴 수 없어. 그녀가 결혼했다는 걸 막 알았거든.

2

A Are you interested in his proposal?

그의 제안서에 흥미가 있으신가요?

B Yes, I am.

그럼요. 난 그의 제안서를 훑어봤어요.

3

A Will you buy that car?

저 차를 살 거야?

B It's too expensive.

그건 너무 비싸. 내가 왜 그걸 사겠어?

4

A

누군가가 내 개를 차로 쳤어!

B Oh, my gosh! Is your dog okay?

세상에! 네 개 괜찮아?

5

A How's your work going?

일은 어떻게 되어가고 있어요?

B Actually, I need your help.

실은 당신의 도움이 필요해요. 제 사무실에 들러 주신다면 감사하겠어요.

6

A Did you really see your ex-girlfriend?

너 정말 전 여자친구를 만났어?

B I didn't mean to!

그럴 의도가 아니었어! 전 여자친구를 우연히 만났어!

7

A Thank you for teaching my kids English.

제 아이들에게 영어를 가르쳐 주셔서 감사해요.

B You're welcome.

별 말씀을요. 그들에게 영어를 가르치는 것이 제 일인데요.

8

A Can they afford to buy a new sofa?

그들이 새 소파를 살 수 있는 여유가 되나요?

B I don't think so.

그렇지 않은 것 같아요. 그들은 돈을 다 써 버렸어요.

162.MP3

★ MP3 파일을 듣고 대화를 따라 말해 보세요.

Exercise 2

★ 정답 283쪽

▶ 패턴과 구동사를 조합해 다음 문장을 말해 보세요.

1
당신은 제 상사와 우연히 마주치기만 하면 돼요.
All you have to do is + run into

2
당신이 이 상황에서 도망쳐 주신다면 감사하겠어요. (situation)
I'd appreciate it if you could + run away

3
당신의 보고서를 훑어보는 것이 내 일이에요.
It's my job to + run through

4
그들이 돈을 다 썼다는 것을 막 알았어.
I just found out that + run out

5
내가 왜 당신의 개를 차로 치겠어요?
Why would I + run over

163.MP3

★ MP3 파일을 듣고 문장을 따라 말해 보세요.

17th WEEK

DAY 081   I should have p.p. ~.

DAY 082   Do you happen to know if ~?

DAY 083   I doubt that ~.

DAY 084   There's no reason to ~.

DAY 085   It's your turn to ~.

I should have p.p. ~.

~했었어야 했어요.

과거에 내가 하지 않은 행동에 대해 자책하거나 아쉬움을 표현할 때 쓰는 패턴입니다. 원어민들은 should have를 [슈럽]이라고 빨리 발음하는 경우가 많으니 들을 때 주의하세요.

164.MP3

**Listen &
Repeat**

잘 듣고 큰 소리로 따라 말해 보세요.

☐ **I should have** taken the subway.
지하철을 탔**어야 했**는데.

☐ **I should have** done that earlier.
더 일찍 그렇게 했**어야 했어**.

☐ **I should have** saved more money.
더 많은 돈을 모았**어야 했어요.** ★ save 저축하다

☐ **I should have** met my new customer.
제 새로운 고객을 만났**어야 했어요.**

☐ **I should have** told you about their secret.
당신에게 그들의 비밀에 대해 말했**어야 했어요.**

**Speak &
Write**

주어진 우리말 문장을 영어로 말하고 써 보세요.

❶ 더 일찍 그렇게 했어야 했어.
I should _____ _____ that _____.

❷ 더 많은 돈을 모았어야 했어요.
I should have _____ _____ _____.

❸ 지하철을 탔어야 했는데.
I _____ have _____ the _____.

❹ 당신에게 그들의 비밀에 대해 말했어야 했어요.
I _____ _____ _____ you about their _____.

❺ 제 새로운 고객을 만났어야 했어요.
I should _____ _____ my new _____.

DAY 082

Do you happen to know if ~?

혹시 ~인지 아세요?

상대방에게 무언가에 대해 알고 있는지 물어볼 때 쓰는 패턴입니다. Do you know if...?보다 좀 더 공손하고 예의 바르게 들릴 수 있는 표현이죠.

165.MP3

Listen & Repeat

잘 듣고 큰 소리로 따라 말해 보세요.

Do you happen to know if he can drive a car?
혹시 그가 운전할 수 있는지 아니?

Do you happen to know if he has a job?
혹시 그가 직업을 가지고 있는지 아세요?

Do you happen to know if she was with him?
혹시 그녀가 그와 함께 있었는지 알아요?

Do you happen to know if she is a teacher?
혹시 그녀가 선생님인지 아시나요?

Do you happen to know if they bought a house?
혹시 그들이 집을 샀는지 아세요?

Speak & Write

주어진 우리말 문장을 영어로 말하고 써 보세요.

❶ 혹시 그녀가 선생님인지 아시나요?
Do you happen to _____ _____ she is a _____?

❷ 혹시 그들이 집을 샀는지 아세요?
Do you _____ _____ know if they _____ a house?

❸ 혹시 그가 운전할 수 있는지 아니?
Do you _____ to know if he can _____ a _____?

❹ 혹시 그가 직업을 가지고 있는지 아세요?
Do you _____ to _____ _____ he has a _____?

❺ 혹시 그녀가 그와 함께 있었는지 알아요?
Do you happen _____ _____ if she was _____ him?

219

DAY 083

I doubt that ~.
~일 가능성은 낮다고 봐요.

어떠한 사실에 대해 의구심이 들 만큼 가능성이 별로 없어 보일 때 쓰는 패턴입니다. 즉, 확신이 없을 때 쓸 수 있는 표현이죠. 반대로 I have no doubt that...은 의심의 여지 없이 무언가에 대해 확신할 때 씁니다.

166.MP3

Listen & Repeat

잘 듣고 큰 소리로 따라 말해 보세요.

☐ **I doubt that it's true.**
그게 사실일 가능성은 낮다고 봐.

☐ **I doubt that they believe me.**
그들이 날 믿을 가능성은 낮다고 봐.

☐ **I doubt that he studies hard at school.**
그가 학교에서 열심히 공부할 가능성은 낮다고 봐요.

☐ **I doubt that they are interested in us.**
그들이 우리에게 관심이 있을 가능성은 낮다고 봐요.

☐ **I doubt that she knows about this issue.**
그녀가 이 사안에 대해 알고 있을 가능성은 낮다고 봐요.

Speak & Write

주어진 우리말 문장을 영어로 말하고 써 보세요.

❶ 그들이 날 믿을 가능성은 낮다고 봐.
I _____ that they _____ _____.

❷ 그녀가 이 사안에 대해 알고 있을 가능성은 낮다고 봐요.
I doubt _____ she knows _____ this _____.

❸ 그가 학교에서 열심히 공부할 가능성은 낮다고 봐요.
_____ doubt that he _____ _____ at _____.

❹ 그게 사실일 가능성은 낮다고 봐.
_____ _____ _____ it's _____.

❺ 그들이 우리에게 관심이 있을 가능성은 낮다고 봐요
I _____ that they are _____ _____ us.

220

DAY 084

There's no reason to ~.

~할 이유가 없어요.

말 그대로 어떠한 행동을 할 이유나 필요성을 못 느낄 때 쓰는 패턴입니다. 실제 대화에서는 앞의 There's를 생략하고 간단하게 No reason to...라고만 말하기도 합니다.

167.MP3

Listen & Repeat

잘 듣고 큰 소리로 따라 말해 보세요.

☐ **There's no reason to cry.**
울 이유가 없어.

☐ **There's no reason to work overtime.**
초과 근무를 할 이유가 없어요. ★ work overtime 초과 근무를 하다

☐ **There's no reason to find a new solution.**
새로운 해결책을 찾을 이유가 없어요.

☐ **There's no reason to introduce my colleague.**
제 동료를 소개해 줄 이유가 없어요. ★ colleague 동료

☐ **There's no reason to give up your dream.**
당신의 꿈을 포기할 이유가 없어요.

Speak & Write

주어진 우리말 문장을 영어로 말하고 써 보세요.

❶ 초과 근무를 할 이유가 없어요.
There's _____ reason to _____ _____.

❷ 당신의 꿈을 포기할 이유가 없어요.
There's no _____ to _____ _____ your dream.

❸ 새로운 해결책을 찾을 이유가 없어요.
_____ _____ reason to _____ a new _____.

❹ 울 이유가 없어.
There's no _____ _____ _____.

❺ 제 동료를 소개해 줄 이유가 없어요.
There's _____ _____ to _____ my _____.

221

It's your turn to ~.

당신이 ~할 차례예요.

어떠한 행동을 돌아가면서 한다고 가정했을 때, 상대방의 차례가 오면 쓰는 패턴입니다. turn이 '차례, 순번'이란 뜻이죠. It's your turn.만 단독으로 쓰면 '네 차례야'라는 의미가 됩니다.

168.MP3

Listen & Repeat

잘 듣고 큰 소리로 따라 말해 보세요.

☐ **It's your turn to sing.**
네가 노래 부를 **차례야.**

☐ **It's your turn to clean the bathroom.**
네가 화장실 청소할 **차례야.**

☐ **It's your turn to cook breakfast.**
네가 아침밥을 할 **차례야.**

☐ **It's your turn to answer my question.**
당신이 내 질문에 대답할 **차례예요.**

☐ **It's your turn to give a presentation.**
당신이 발표를 할 **차례예요.** ★ presentation 발표

Speak & Write

주어진 우리말 문장을 영어로 말하고 써 보세요.

❶ 네가 아침밥을 할 차례야.
_____ your turn to _____ _____.

❷ 당신이 내 질문에 대답할 차례예요.
It's _____ _____ to _____ my _____.

❸ 당신이 발표를 할 차례예요.
It's your _____ _____ give a _____.

❹ 네가 노래 부를 차례야.
_____ _____ turn to _____.

❺ 네가 화장실 청소할 차례야.
It's your _____ _____ _____ the _____.

▶ 다음 문장을 주어진 패턴을 활용해 영어로 바꿔 말해 보세요.

I date her.
난 그녀와 데이트해요.

1 당신이 그녀와 데이트할 차례에요. **It's your turn to**

2 그녀와 데이트할 이유가 없어요. **There's no reason to**

3 혹시 그가 그녀와 데이트했는지 알고 있어요?
Do you happen to know if

4 난 그녀와 데이트를 했어야 했어요. **I should have p.p.**

5 그가 그녀와 데이트했을 가능성은 낮다고 봐요. **I doubt that**

정답 1 It's your turn to date her.   2 There's no reason to date her.
3 Do you happen to know if he dated her?   4 I should have dated her.
5 I doubt that he dated her.

carry 구동사

 동사 **carry**는 '운반하다, 나르다'라는 뜻입니다. **carry out**은 '밖으로(out) 운반하다(carry)'입니다. 머릿속의 계획이나 약속 따위를 밖으로 끄집어 나르는 거니까 어떤 일을 '실행하다'라는 의미로 쓰입니다. **carry around**는 '주변으로(around) 운반하다(carry)'니까 말 그대로 어떤 물건을 '가지고 다니다'라는 뜻입니다. **carry on**은 '계속(on) 운반하다(carry)'이므로 무언가를 '계속해서 하다'라는 의미가 되죠. '~을 계속해 나가다'라고 할 때는 이 뒤에 전치사 **with**를 씁니다. 한편 **carry back**은 '뒤로(back) 운반하다(carry)'입니다. 과거의 추억이나 기억을 뒤로 되돌려서 사람에게 '생각나게 하다'라는 의미입니다. 마지막으로 **carry over**는 '넘겨서(over) 운반하다(carry)'입니다. 어떠한 일을 계획된 날을 넘겨 나중으로 '미루다, 이월하다'라는 뜻입니다.

STEP 1 Listen & Repeat 잘 듣고 따라 말해 보세요.

▶ 170.MP3

carry out (일을) 실행하다	They **carried out** the plan. 그들은 그 계획을 **실행했어요**.
carry around 가지고 다니다, 들고 다니다	She always **carries around** her laptop. 그녀는 언제나 자기 노트북을 **들고 다녀**.
carry on 계속해 나가다 (with)	I'll **carry on** with my education. 제 학업을 **계속해 나갈** 거예요.
carry back 생각나게 하다 (to)	The smell **carries** me **back** to my childhood. 그 냄새는 제 어린 시절을 **생각나게 해요**.
carry over 넘기다, 이월하다 (to)	Let's **carry** the meeting **over** to tomorrow. 회의를 내일로 **미룹시다**.

Fill in the blanks 주어진 우리말 문장을 영어로 써 보세요.

❶ 그녀는 언제나 자기 노트북을 들고 다녀.
She always ▨▨▨▨▨ ▨▨▨▨▨ her laptop.

❷ 그들은 그 계획을 실행했어요.
They ▨▨▨▨▨▨▨▨▨▨ the plan.

❸ 제 학업을 계속해 나갈 거예요.
I'll ▨▨▨▨▨▨▨▨▨ with my education.

❹ 회의를 내일로 미룹시다.
Let's ▨▨▨▨▨ the meeting ▨▨▨▨ to tomorrow.

❺ 그 냄새는 제 어린 시절을 생각나게 해요.
The smell ▨▨▨▨ me ▨▨▨ to my childhood.

Speak & Write 주어진 우리말 문장을 영어로 바꿔 말하고 써 보세요. ▶ 171.MP3
★ 정답 283쪽

❶ 그 음식은 제 어린 시절을 생각나게 해요.

_____

❷ 면접을 내일로 미룹시다.

_____

❸ 그들은 그 벌칙을 실행했어요. (punishment)

_____

❹ 그녀는 언제나 그 가방을 들고 다녀.

_____

❺ 제 사업을 계속해 나갈 거예요.

_____

Exercise 1

▶ 앞에서 배운 문장을 활용해 다음 대화를 완성해 보세요.

1

A

혹시 그가 운전할 수 있는지 아세요?

B I have no idea. Let's ask him.

잘 모르겠어요. 그한테 물어봅시다.

2

A Jane is always busy. She's a workaholic.

제인은 항상 바빠요. 그녀는 일 중독자예요.

B That's true.

맞아요. 그녀는 언제나 자기 노트북을 들고 다녀요.

3

A Who's going to clean the bathroom today?

누가 오늘 화장실 청소하지?

B You have to!

네가 해야지! 네가 화장실 청소할 차례야.

4

A Can you afford to study in college?

대학에서 공부할 여유가 있나요?

B Of course.

물론이죠. 제 학업을 계속해 나갈 거예요.

5

A Do you usually get off work on time?

대개 정시에 퇴근을 하세요?

B Of course.

당연하죠. 초과 근무를 할 이유가 없잖아요.

6

A I can't believe he won the lottery!

그가 복권에 당첨됐다니 믿을 수 없어!

B

그게 사실일 가능성은 낮다고 봐.

7

A My mom cooked this food for you.

우리 엄마가 널 위해 이 음식을 만드셨어.

B Really?

정말? 그 냄새가 내 어린 시절을 생각나게 해.

8

A We've got too many issues to deal with today.

오늘 다룰 사안들이 너무 많네요.

B I think so.

저도 그렇게 생각해요. 회의를 내일로 미룹시다.

172.MP3

★ MP3 파일을 듣고 대화를 따라 말해 보세요.

Exercise 2

★ 정답 284쪽

▶ 패턴과 구동사를 조합해 다음 문장을 말해 보세요.

1
제 학업을 계속해 나갔어야 했어요.
I should have p.p. + carry on

2
네 가방을 들고 다닐 이유가 없어.
There's no reason to + carry around

3
당신이 그 계획을 실행할 차례예요.
It's your turn to + carry out

4
혹시 그가 회의를 내일로 미뤘는지 아세요?
Do you happen to know if + carry over

5
그녀의 음식이 내 어린 시절을 생각나게 할 가능성은 낮다고 봐.
I doubt that + carry back

173.MP3

★ MP3 파일을 듣고 문장을 따라 말해 보세요.

18th WEEK

DAY 086   I'd rather die than ~.

DAY 087   I'm having a hard time -ing ~.

DAY 088   I'm relieved that ~.

DAY 089   I have no choice but to ~.

DAY 090   I'll do anything but ~.

I'd rather die than ~.

~하느니 차라리 죽는 게 낫겠어요.

무언가를 하는 것이 죽기보다 더 싫다고 말할 때 쓰는 패턴입니다. than 뒤에는 동사원형이 오죠. die가 너무 과한 것 같으면 I'd rather A than B...(B하느니 차라리 A하는 게 낫겠어요) 형태를 활용해도 좋습니다.

174.MP3

Listen & Repeat

잘 듣고 큰 소리로 따라 말해 보세요.

I'd rather die than eat it.
그걸 먹느니 차라리 죽는 게 낫겠어.

I'd rather die than wear these pants.
이 바지를 입느니 죽는 게 낫겠어.

I'd rather die than appear on the show.
그 쇼에 출연하느니 차라리 죽는 게 낫겠어.

I'd rather die than dance on the stage.
무대에서 춤을 추느니 차라리 죽는 게 낫겠어.

I'd rather die than go back to my country.
우리 나라로 돌아가느니 차라리 죽는 게 낫겠어요. ★ go back 돌아가다

주어진 우리말 문장을 영어로 말하고 써 보세요.

Speak & Write

① 무대에서 춤을 추느니 차라리 죽는 게 낫겠어.
I'd _____ die than _____ on the _____.

② 우리 나라로 돌아가느니 차라리 죽는 게 낫겠어요.
I'd rather _____ than go _____ to my _____.

③ 이 바지를 입느니 죽는 게 낫겠어.
I'd _____ die than wear _____ _____.

④ 그 쇼에 출연하느니 차라리 죽는 게 낫겠어.
_____ _____ die than _____ on the _____.

⑤ 그걸 먹느니 차라리 죽는 게 낫겠어.
_____ _____ _____ than _____ it.

I'm having a hard time -ing ~.

~하는 데 어려움을 겪고 있어요.

말 그대로 어떠한 행위를 하느라 힘들고 어려운 시간을 보내고 있다고 할 때 쓰는 패턴입니다. 동명사(-ing) 대신 전치사 with를 넣어서 I'm having a hard time with + 명사. 형태로도 쓸 수 있죠.

175.MP3

Listen & Repeat

잘 듣고 큰 소리로 따라 말해 보세요.

☐ **I'm having a hard time breathing.**
난 숨쉬는 데 어려움을 겪고 있어. ★ breathe 숨쉬다, 호흡하다

☐ **I'm having a hard time sleeping at night.**
밤에 잠자는 데 어려움을 겪고 있어.

☐ **I'm having a hard time losing weight.**
살 빼는 데 어려움을 겪고 있어. ★ weight 몸무게

☐ **I'm having a hard time organizing the workshop.**
워크숍을 준비하는 데 어려움을 겪고 있어요. ★ organize (행사를) 준비하다, 조직하다

☐ **I'm having a hard time understanding this book.**
이 책을 이해하는 데 어려움을 겪고 있어요.

Speak & Write

주어진 우리말 문장을 영어로 말하고 써 보세요.

❶ 밤에 잠자는 데 어려움을 겪고 있어.
I'm _____ a hard time _____ at _____.

❷ 이 책을 이해하는 데 어려움을 겪고 있어요.
I'm having a _____ _____ _____ this _____.

❸ 살 빼는 데 어려움을 겪고 있어.
_____ having a _____ time _____ _____.

❹ 난 숨쉬는 데 어려움을 겪고 있어.
I'm _____ a hard _____ _____.

❺ 워크숍을 준비하는 데 어려움을 겪고 있어요.
I'm _____ a _____ time _____ the _____.

DAY 088

I'm relieved that ~.

~하다니 다행이네요.

어떠한 사실에 대해 아무 문제가 없음을 알고 안심할 때 쓰는 패턴이에요. that 대신에 to부정사를 넣어서 I'm relieved to + 동사. 형태로도 많이 씁니다.

176.MP3

Listen & Repeat

잘 듣고 큰 소리로 따라 말해 보세요.

☐ **I'm relieved that** he is healthy.
그가 건강하다니 다행이네.

☐ **I'm relieved that** she is at home.
그녀가 집에 있다니 다행이야.

☐ **I'm relieved that** you like my food.
당신이 제 음식을 좋아하다니 다행이네요.

☐ **I'm relieved that** they have no problems.
그들한테 아무 문제가 없다니 다행이네요.

☐ **I'm relieved that** he remembers my name.
그가 제 이름을 기억한다니 다행이군요.

Speak & Write

주어진 우리말 문장을 영어로 말하고 써 보세요.

❶ 그녀가 집에 있다니 다행이야.
_____ relieved that she is _____ _____.

❷ 그가 제 이름을 기억한다니 다행이군요.
I'm _____ _____ he _____ my _____.

❸ 당신이 제 음식을 좋아하다니 다행이네요.
_____ _____ that you like my _____.

❹ 그가 건강하다니 다행이네.
I'm _____ _____ he is _____.

❺ 그들한테 아무 문제가 없다니 다행이네요.
_____ _____ _____ they have no _____.

I have no choice but to ~.
~할 수밖에 없어요.

다른 선택(choice)의 여지가 없이 어떤 한 가지를 무조건 선택해야만 할 때 쓰는 패턴입니다. 참고로 과거에 어쩔 수 없이 선택할 수밖에 없었던 일에는 과거동사 had를 써서 I had no choice but to...로 말하면 되죠.

177.MP3

Listen & Repeat

잘 듣고 큰 소리로 따라 말해 보세요.

☐ **I have no choice but to go there.**
거기에 갈 **수밖에 없어.**

☐ **I have no choice but to reveal the truth.**
진실을 밝힐 **수밖에 없어요.**   ★ reveal 드러내다, 밝히다

☐ **I have no choice but to cancel the meeting.**
회의를 취소할 **수밖에 없어요.**

☐ **I have no choice but to sell my new car.**
내 새 차를 팔 **수밖에 없어요.**

☐ **I have no choice but to accept his proposal.**
그의 제안을 받아들일 **수밖에 없어요.**

Speak & Write

주어진 우리말 문장을 영어로 말하고 써 보세요.

❶ 진실을 밝힐 수밖에 없어요.
I have no _____ but _____ _____ the truth.

❷ 그의 제안을 받아들일 수밖에 없어요.
I have no choice _____ _____ accept his _____.

❸ 회의를 취소할 수밖에 없어요.
I have _____ _____ but to _____ the _____.

❹ 거기에 갈 수밖에 없어.
I _____ no choice _____ to _____ there.

❺ 내 새 차를 팔 수밖에 없어요.
I have no _____ but to _____ my new _____.

D A Y
090

I'll do anything but ~.

~하는 것만 빼고 무엇이든 할게요.

어떤 특정한 행동을 하기 어렵거나 불편해서 피하고 싶을 때 쓰는 패턴입니다. but 뒤에는 동사원형이 오죠. 참고로 anything 대신 nothing을 넣어 I'll do nothing but...이라고 하면 '오로지 ~만 할게요'라는 뜻이 됩니다.

178.MP3

Listen & Repeat

잘 듣고 큰 소리로 따라 말해 보세요.

☐ **I'll do anything but jog every morning.**
매일 아침 조깅하는 것만 빼고 무엇이든 할게.

☐ **I'll do anything but study grammar.**
문법 공부하는 것만 빼고 무엇이든 할게요.

☐ **I'll do anything but hang out with them.**
그들과 함께 시간 보내는 것만 빼고는 무엇이든 할게요. ★ hang out with ~와 함께 시간을 보내다

☐ **I'll do anything but apologize to her.**
그녀에게 사과하는 것만 빼고 무엇이든 할게요.

☐ **I'll do anything but take on a new project.**
새 프로젝트를 맡는 것만 빼고 무엇이든 할게요. ★ take on (일을) 맡다

Speak & Write

주어진 우리말 문장을 영어로 말하고 써 보세요.

❶ 그녀에게 사과하는 것만 빼고 무엇이든 할게요.
I'll do _____ but _____ _____ her.

❷ 문법 공부하는 것만 빼고 무엇이든 할게요.
I'll _____ anything but _____ _____.

❸ 새 프로젝트를 맡는 것만 빼고 무엇이든 할게요.
_____ do anything but _____ _____ a new project.

❹ 매일 아침 조깅하는 것만 빼고 무엇이든 할게.
I'll do _____ but _____ _____ _____.

❺ 그들과 함께 시간 보내는 것 빼고는 무엇이든 할게요.
I'll _____ _____ but _____ _____ with them.

▶ 다음 문장을 주어진 패턴을 활용해 영어로 바꿔 말해 보세요.

I play the piano.

나는 피아노를 쳐요.

1 나는 피아노를 치는 데 어려움을 겪고 있어요.
I'm having a hard time -ing

....

2 피아노 치는 것만 빼고 무엇이든 할게요. **I'll do anything but**

....

3 피아노를 치느니 차라리 죽는 게 나아요. **I'd rather die than**

....

4 그가 피아노를 친다니 다행이에요. **I'm relieved that**

....

5 나는 피아노를 칠 수밖에 없어요. **I have no choice but to**

....

정답 1 I'm having a hard time playing the piano. 2 I'll do anything but play the piano.
3 I'd rather die than play the piano. 4 I'm relieved that he plays the piano.
5 I have no choice but to play the piano.

blow 구동사

blow는 '(입으로) 불다, (바람이) 불다'라는 뜻의 동사입니다. **blow up**은 '불어서(blow) 올리다(up)'입니다. 무언가를 불어 올려 점점 부풀어 터질 만큼 커져 버리면 '터뜨리다, 폭파하다'라는 의미가 되고, 사람이 커져서 터지면 '화내다'라는 의미가 되죠. **blow away**는 '불어서(blow) 멀리 날려 버리다(away)'인데, 사람을 불어서 멀리 날려 버리면 '깊은 인상을 주다, 감동시키다'라는 의미가 됩니다. **blow out**은 '불어서(blow) 밖으로 나가게 하다(out)'입니다. 촛불을 입으로 불어서 밖으로 나가게 하면 '(촛불을) 불어서 끄다'란 뜻이 됩니다. 바람이 불어서 '(촛불이) 꺼지다'란 뜻도 되죠. **blow over**는 '불어서(blow) 넘어가다(over)'로 폭풍이나 소문이 바람에 불려 넘어가 버리면 '가라앉다'라는 의미로 쓰입니다. 마지막으로 **blow off**는 '불어서(blow) 떨어뜨리다(off)'입니다. 예정되어 있던 약속을 불어서 떨어뜨리면 사람을 '바람맞히다'라는 의미가 되죠.

STEP 1 **Listen & Repeat** 잘 듣고 따라 말해 보세요. ▶ 180.MP3

blow up 폭파하다	The terrorist **blew up** the car. 테러리스트가 차를 **폭파했어요**.
blow away (사람에게) 깊은 감명을 주다	Her speech **blew** me **away**. 그녀의 연설은 나에게 **깊은 감명을 줬어요**.
blow out (촛불을) 불어서 끄다	Can I **blow out** the candles? 제가 촛불을 **불어 꺼도** 될까요?
blow over (폭풍·소문이) 가라앉다	The storm will **blow over** soon. 폭풍은 곧 **가라앉을** 거야.
blow off (사람을) 바람맞히다	Don't **blow** me **off** this time. 이번에는 날 **바람맞히지** 마.

STEP 2 | Fill in the blanks 주어진 우리말 문장을 영어로 써 보세요.

1 그녀의 연설은 나에게 깊은 감명을 줬어요.
Her speech ＿＿＿＿＿ me ＿＿＿＿＿.

2 이번에는 날 바람맞히지 마.
Don't ＿＿＿＿＿ me ＿＿＿＿＿ this time.

3 제가 촛불을 불어 꺼도 될까요?
Can I ＿＿＿＿＿ ＿＿＿＿＿ the candles?

4 테러리스트가 차를 폭파했어요.
The terrorist ＿＿＿＿＿ ＿＿＿＿＿ the car.

5 폭풍은 곧 가라앉을 거야.
The storm will ＿＿＿＿＿ ＿＿＿＿＿ soon.

STEP 3 | Speak & Write 주어진 우리말 문장을 영어로 바꿔 말하고 써 보세요.

▶ 181.MP3
★ 정답 284쪽

1 제가 남은 촛불을 불어 꺼도 될까요? (remaining)
＿＿＿＿＿＿＿＿＿＿＿＿＿＿＿＿＿＿＿＿＿＿＿＿＿＿＿

2 이번에는 그를 바람맞히지 마.
＿＿＿＿＿＿＿＿＿＿＿＿＿＿＿＿＿＿＿＿＿＿＿＿＿＿＿

3 테러리스트가 건물을 폭파했어요.
＿＿＿＿＿＿＿＿＿＿＿＿＿＿＿＿＿＿＿＿＿＿＿＿＿＿＿

4 그녀에 대한 소문은 가라앉을 거야. (rumor)
＿＿＿＿＿＿＿＿＿＿＿＿＿＿＿＿＿＿＿＿＿＿＿＿＿＿＿

5 그녀의 목소리는 나에게 깊은 감명을 줬어요.
＿＿＿＿＿＿＿＿＿＿＿＿＿＿＿＿＿＿＿＿＿＿＿＿＿＿＿

Exercise 1

▶ 앞에서 배운 문장을 활용해 다음 대화를 완성해 보세요.

1

A Why don't we dance on the stage?
우리 무대에서 춤춰 보면 어떨까?

B Are you kidding?
장난해? 무대에서 춤을 추느니 차라리 죽는 게 낫겠어!

2

A Congratulations on your 30th birthday!
서른 번째 생일을 축하 드려요!

B Thanks a lot!
정말 감사해요! 제가 촛불을 불어 꺼도 될까요?

3

A Are you still on a diet?
여전히 다이어트 중이야?

B Of course.
물론이지. 난 살 빼는 데 어려움을 겪고 있어.

4

A It's raining very hard.
비가 정말 세차게 오네요.

B Don't worry.
걱정 마세요. 폭풍은 곧 가라앉을 거예요.

5

A **Will you cancel the meeting today?**

오늘 회의를 취소하실 건가요?

B **I'm so sorry.**

정말 죄송해요. 회의를 취소할 수밖에 없어요.

6

A **I heard that her speech was amazing.**

그녀의 연설이 놀라웠다고 들었어요.

B **I almost cried.**

저는 거의 울 뻔했어요. 그녀의 연설은 제게 깊은 감명을 줬어요.

7

A **This is the best food I've ever eaten!**

제가 지금껏 먹은 음식 중에 이게 최고예요!

B **Thanks.**

고마워요. 당신이 제 음식을 좋아하다니 다행이네요.

8

A **What time are we supposed to meet?**

우리 몇 시에 만나기로 되어 있더라?

B **At 7:00!**

7시야! 이번에는 날 바람맞히지 마.

182.MP3

★ MP3 파일을 듣고 대화를 따라 말해 보세요.

Exercise 2

★ 정답 285쪽

▶ 패턴과 구동사를 조합해 다음 문장을 말해 보세요.

1
그를 바람맞히느니 차라리 죽는 게 낫겠어.
I'd rather die than + **blow off**

2
폭풍이 곧 가라앉을 거라니 다행이에요.
I'm relieved that + **blow over**

3
그 차를 폭파하는 것만 빼고 뭐든 할게요.
I'll do anything but + **blow up**

4
난 그들에게 깊은 감명을 주는 데 어려움을 겪고 있어요.
I'm having a hard time -ing + **blow away**

5
나는 촛불을 불어서 끌 수밖에 없어요.
I have no choice but to + **blow out**

183.MP3

★ MP3 파일을 듣고 문장을 따라 말해 보세요.

19th WEEK

DAY 091   **It takes a while to ~.**

DAY 092   **I hope you ~.**

DAY 093   **I happened to ~.**

DAY 094   **I regret that I ~.**

DAY 095   **I'm so ashamed that ~.**

It takes a while to ~.

~하는 데 시간이 좀 걸려요.

어떠한 행동을 하는 데 시간이 한동안 걸린다는 말을 하고 싶을 때 쓰는 패턴입니다. a while 대신에 minute(분), hour(시) 등의 시간 표현을 넣으면 몇 분, 몇 시간 등이 걸린다고 구체적으로 말할 수도 있어요.

184.MP3

Listen & Repeat

잘 듣고 큰 소리로 따라 말해 보세요.

☐ **It takes a while to dry my hair.**
내 머리를 말리는 데 시간이 좀 걸려.

☐ **It takes a while to get over it.**
그걸 극복하는 데 시간이 좀 걸려요. ★ get over 극복하다

☐ **It takes a while to fix the problem.**
그 문제를 해결하는 데 시간이 좀 걸려요. ★ fix (문제를) 해결하다

☐ **It takes a while to go to Chicago.**
시카고에 가는 데 시간이 좀 걸려요.

☐ **It takes a while to get used to this system.**
이 시스템에 익숙해지는 데 시간이 좀 걸립니다. ★ get used to ~에 익숙해지다

Speak & Write

주어진 우리말 문장을 영어로 말하고 써 보세요.

❶ 시카고에 가는 데 시간이 좀 걸려요.
_____ takes a while to _____ _____ Chicago.

❷ 이 시스템에 익숙해지는 데 시간이 좀 걸립니다.
It takes a _____ to _____ _____ to this system.

❸ 그걸 극복하는 데 시간이 좀 걸려요.
_____ _____ a while to _____ _____ it.

❹ 그 문제를 해결하는 데 시간이 좀 걸려요.
It _____ a while to _____ the _____.

❺ 내 머리를 말리는 데 시간이 좀 걸려.
It takes _____ _____ to _____ my _____.

DAY 092

I hope you ~.

당신이 ~하길 바랄게요.

상대방이 어떠한 행위나 상태를 실현시킬 수 있길 바랄 때 쓰는 패턴입니다. 비슷한 의미를 가진 I wish와 헷갈리기 쉬운데요, I hope는 실제로 가능성이 있는 일에 대해 바랄 때 사용하지만, I wish는 현재 사실과 반대이거나 실현 가능성이 희박한 경우를 바랄 때 씁니다.

185.MP3

Listen & Repeat

잘 듣고 큰 소리로 따라 말해 보세요.

☐ **I hope you like it.**
네가 그걸 좋아하길 바라.

☐ **I hope you come to the party.**
네가 파티에 오길 바라.

☐ **I hope you find the answer.**
당신이 해답을 찾길 바랄게요.

☐ **I hope you enjoy your vacation.**
당신이 휴가를 즐기길 바랍니다.

☐ **I hope you babysit my son.**
당신이 내 아들을 돌봐 주길 바랍니다.　★ babysit (부모가 없는 동안) 아이를 돌보다

Speak & Write

주어진 우리말 문장을 영어로 말하고 써 보세요.

❶ 당신이 해답을 찾길 바랄게요.
I _____ you _____ the _____.

❷ 당신이 내 아들을 돌봐 주길 바랍니다.
_____ _____ you _____ my _____.

❸ 네가 파티에 오길 바라.
I hope _____ _____ to the _____.

❹ 네가 그걸 좋아하길 바라.
I _____ you _____ it.

❺ 당신이 휴가를 즐기길 바랍니다.
I _____ you _____ your _____.

243

D A Y
093

I happened to ~.

난 우연히 ~했어요.

어떠한 행동을 의도치 않게 우연히 했을 때 쓰는 패턴입니다. 'happen to + 동사'가 '우연히 ~하다'란 뜻이죠. 참고로 의문문으로 바꿔서 Do you happen to...?라고 하면 '혹시 ~하세요?'라고 공손하게 묻는 표현이 됩니다.

186.MP3

Listen & Repeat

잘 듣고 큰 소리로 따라 말해 보세요.

I happened to meet her today.
난 오늘 그녀와 우연히 만났어.

I happened to know his secret.
난 그의 비밀을 우연히 알게 되었어.

I happened to read the article.
난 그 기사를 우연히 읽었어요.   ★ article (신문, 잡지의) 기사

I happened to see her pictures.
난 그녀의 사진들을 우연히 보게 되었어요.

I happened to listen to his song.
난 그의 노래를 우연히 들었어요.

주어진 우리말 문장을 영어로 말하고 써 보세요.

Speak & Write

❶ 난 그의 비밀을 우연히 알게 되었어.
I happened _____ _____ his _____.

❷ 난 그의 노래를 우연히 들었어요.
I _____ to _____ _____ his song.

❸ 난 오늘 그녀와 우연히 만났어.
I happened _____ _____ her _____.

❹ 난 그녀의 사진들을 우연히 보게 되었어요.
I _____ to _____ her _____.

❺ 난 그 기사를 우연히 읽었어요.
I _____ _____ read the _____.

DAY 094

I regret that I ~.

내가 ~한 것을 후회해요.

자신이 했던 행동을 후회할 때 뉘우치며 쓰는 패턴입니다. 참고로 regret 뒤에는 that절 대신 to부정사나 동명사(-ing)가 올 수도 있어요. 다만 'regret + -ing'는 '～한 것을 후회하다'란 뜻이고, 'regret + to부정사'는 '～해서 유감이다'라는 의미이므로 차이에 주의하세요.

187.MP3

Listen & Repeat

잘 듣고 큰 소리로 따라 말해 보세요.

I regret that I bought it.
그거 산 걸 후회해.

I regret that I moved to Seoul.
서울로 이사 온 것을 후회해요.

I regret that I sold my piano.
내 피아노를 팔아 버린 걸 후회해요.

I regret that I ate pizza last night.
간밤에 피자 먹은 것을 후회해요.

I regret that I dumped my girlfriend.
내 여자친구를 찬 걸 후회해요. ★ dump (교제하는 사람을) 차다

Speak & Write

주어진 우리말 문장을 영어로 말하고 써 보세요.

① 간밤에 피자 먹은 것을 후회해요.
I regret _____ I ate pizza _____ _____.

② 그거 산 걸 후회해.
I _____ that I _____ it.

③ 내 여자친구를 찬 걸 후회해요.
I regret _____ I _____ my _____.

④ 내 피아노를 팔아 버린 걸 후회해요.
I _____ that I _____ my _____.

⑤ 서울로 이사 온 것을 후회해요.
I regret _____ I _____ _____ Seoul.

245

I'm so ashamed that ~.

~해서 정말 창피해요.

자신이 창피한 일을 겪었거나 저질렀을 때 쓰는 패턴입니다. that절 외에도 I'm so ashamed to + 동사. 또는 I'm so ashamed of + 명사. 패턴으로 다양하게 활용할 수 있어요.

188.MP3

Listen & Repeat

잘 듣고 큰 소리로 따라 말해 보세요.

□ **I'm so ashamed that** I tell you this.
이걸 너한테 말하는 게 정말 창피스러워.

□ **I'm so ashamed that** I saw her again.
그녀를 다시 만났던 게 정말 창피해.

□ **I'm so ashamed that** I yelled at my parents.
우리 부모님께 소리를 질렀던 게 정말 창피해요.

□ **I'm so ashamed that** I was rude to him.
그에게 무례하게 굴었던 것이 정말 창피해요.   ★ be rude to ~에게 무례하게 굴다

□ **I'm so ashamed that** I followed the wrong instructions.
잘못된 지시를 따랐던 게 정말 창피하군요.

Speak & Write

주어진 우리말 문장을 영어로 말하고 써 보세요.

❶ 그에게 무례하게 굴었던 것이 정말 창피해요.
I'm so ashamed _____ I was _____ _____ him.

❷ 그녀를 다시 만났던 게 정말 창피해.
_____ so _____ that I saw her _____.

❸ 이걸 너한테 말하는 게 정말 창피스러워.
I'm so _____ that I _____ _____ this.

❹ 잘못된 지시를 따랐던 게 정말 창피하군요.
_____ so ashamed that I _____ the wrong _____.

❺ 우리 부모님께 소리를 질렀던 게 정말 창피해요.
I'm so _____ _____ I _____ at my _____.

▶ 다음 문장을 주어진 패턴을 활용해 영어로 바꿔 말해 보세요.

I dance with him.
나는 그와 춤을 춰요.

1 당신이 그와 춤을 추길 바랄게요. **I hope you**

....

2 나는 그와 춤을 춘 것이 정말 창피해요. **I'm so ashamed that**

....

3 그와 춤을 추는 데 시간이 좀 걸려요. **It takes a while to**

....

4 나는 우연히 그와 춤을 췄어요. **I happened to**

....

5 그와 춤을 춘 것을 후회해요. **I regret that I**

....

정답　1 I hope you dance with him.　2 I'm so ashamed that I danced with him.
3 It takes a while to dance with him.　4 I happened to dance with him.
5 I regret that I danced with him.

pull 구동사

 pull은 '당기다, 끌어당기다'란 뜻의 동사입니다. **pull up**은 '위로(up) 당기다 (pull)'입니다. 옛날에는 말을 타고 가다가 멈추려면 고삐를 위로 당겨야 했는 데, 그래서 지금은 '(차나 운전자가) 멈춰 서다'라는 의미로 쓰입니다. **pull in**은 '안으로 (in) 당기다(pull)'니까, 기차를 역 안으로 끌어당기듯 '(기차가 역에) 도착하다'라는 뜻입 니다. **pull out**은 '당겨서(pull) 밖으로 빼다(out)'인데, 어떠한 장소나 계약 등에서 밖으 로 빠져 나오는 것을 의미합니다. 즉, '철수하다', '손을 떼다'라는 의미로 쓰입니다. **pull together**는 '당겨서(pull) 함께 붙이다(together)'입니다. 여러 사람들이 어떤 일을 해내 기 위해 '함께 협력하다, 단결하다'라는 의미로 쓰이죠. **pull off**는 '당겨서(pull) 떼어내다 (off)'이므로, 붙어 있는 무언가를 열심히 당겨서 떼어내듯 '(어려운 일을) 해내다'라는 의 미가 있습니다.

STEP 1 Listen & Repeat 잘 듣고 따라 말해 보세요. ▶ 190.MP3

pull up (차·운전자가) 서다, 멈추다	His car suddenly **pulled up.** 그의 차가 갑자기 **멈췄어.**
pull in (기차가 역에) 도착하다	The train **pulled in** on time. 그 기차는 정시에 **도착했어요.**
pull out (일·계약에서) 손을 떼다 (of)	They **pulled out** of the deal. 그들은 그 거래에서 **손을 뗐어요.**
pull together 함께 협력하다	All the employees must **pull together.** 모든 직원들이 **함께 협력해야** 합니다.
pull off (힘든 일을) 해내다, 성사시키다	We **pulled off** the deal. 우리는 그 거래를 **성사시켰어요.**

STEP 2 **Fill in the blanks** 주어진 우리말 문장을 영어로 써 보세요.

1 그 기차는 정시에 도착했어요.
The train ▨▨▨▨▨ ▨▨▨▨▨ on time.

2 우리는 그 거래를 성사시켰어요.
We ▨▨▨▨▨▨ ▨▨▨▨▨ the deal.

3 그들은 그 거래에서 손을 뗐어요.
They ▨▨▨▨▨▨▨ ▨▨▨▨▨ of the deal.

4 그의 차가 갑자기 멈췄어.
His car suddenly ▨▨▨▨▨▨ ▨▨▨▨▨ .

5 모든 직원들이 함께 협력해야 합니다.
All the employees must ▨▨▨▨▨ ▨▨▨▨▨▨ .

STEP 3 **Speak & Write** 주어진 우리말 문장을 영어로 바꿔 말하고 써 보세요. ▶ 191.MP3

★ 정답 285쪽

1 우리는 그 과제를 해냈어요. (assignment)
_____

2 그들은 그 프로젝트에서 손을 뗐어요.
_____

3 그 기차는 3시에 도착했어요.
_____

4 그 트럭이 갑자기 멈췄어.
_____

5 모든 학생들이 함께 협력해야 합니다.
_____

Exercise 1

▶ 앞에서 배운 문장을 활용해 다음 대화를 완성해 보세요.

1

A I'm going to Hawaii tomorrow.
난 내일 하와이에 가요.

B That's great!
멋지네요! 휴가를 즐기시길 바랄게요.

2

A Are they still interested in the deal?
그들이 여전히 그 거래에 관심이 있나요?

B Not anymore.
더 이상 없어요. 그들은 그 거래에서 손을 뗐어요.

3

A How's your life in Seoul?
서울에서의 생활은 어떠니?

B I miss my hometown.
내 고향이 그리워. 서울로 이사 온 것을 후회해.

4

A How was the meeting with your client?
고객과의 회의는 어땠나요?

B It was successful.
성공적이었어요. 우리는 그 거래를 성사시켰어요.

5 **A** The accounting system is too complicated!

회계 시스템이 너무 복잡해요!

B I know.

저도 알죠. 이 시스템에 익숙해지는 데 시간이 좀 걸려요.

6 **A** Did you wait for the train?

기차를 기다렸니?

B No, I didn't.

아니. 기차는 정시에 도착했어.

7 **A** Is it true that you yelled at my father?

당신이 우리 아버지께 소리지른 게 사실이에요?

B I apologize for that.

그 일에 대해 사과 드립니다. 그분에게 무례했던 게 정말 창피하네요.

8 **A** Can we get over this crisis?

우리가 이 위기를 극복할 수 있을까요?

B Yes, we can.

네, 할 수 있어요. 모든 직원들이 함께 협력해야 합니다.

192.MP3

★ MP3 파일을 듣고 대화를 따라 말해 보세요.

Exercise 2

★ 정답 285쪽

▶ 패턴과 구동사를 조합해 다음 문장을 말해 보세요.

1
그 프로젝트에서 손을 떼는 데 시간이 좀 걸려요.
It takes a while to + **pull out**

2
난 그 기차가 도착하는 것을 우연히 봤어. (see ~ –ing)
I happened to + **pull in**

3
저는 여러분 모두가 협력하기를 바랍니다.
I hope you + **pull together**

4
내가 그 거래를 성사시키지 못한 걸 후회해요.
I regret that I + **pull off**

5
내 차가 갑자기 멈췄던 게 정말 창피해.
I'm so ashamed that + **pull up**

193.MP3

★ MP3 파일을 듣고 문장을 따라 말해 보세요.

20th WEEK

DAY 096   **I must admit that ~.**

DAY 097   **I stayed up all night -ing ~.**

DAY 098   **What a surprise to ~!**

DAY 099   **It is said that ~.**

DAY 100   **I feel like -ing ~.**

I must admit that ~.

~라는 것을 인정할게요.

내키지는 않지만 어떤 사실을 인정해야 하거나, 내 솔직한 마음을 털어 놓을 때 쓰는 패턴입니다. 반대로 상대방에게 어떤 사실을 인정하라고 재촉할 때는 You must admit that...을 쓰면 되죠.

194.MP3

Listen & Repeat

잘 듣고 큰 소리로 따라 말해 보세요.

☐ **I must admit that** I'm lazy.
내가 게으르다는 걸 인정할게.

☐ **I must admit that** I was wrong.
내가 틀렸었**단 걸** 인정할게.

☐ **I must admit that** it was my mistake.
그건 내 실수였다고 인정할게요.

☐ **I must admit that** I'm so scared now.
지금 엄청 무섭다는 거 인정할게요.

☐ **I must admit that** I don't know the answer.
정답을 모른다고 인정할게요.

Speak & Write

주어진 우리말 문장을 영어로 말하고 써 보세요.

❶ 정답을 모른다고 인정할게요.
I _____ admit that I don't _____ the _____.

❷ 내가 틀렸었단 걸 인정할게.
I _____ _____ that I _____ _____.

❸ 그건 내 실수였다고 인정할게요.
I _____ admit that it _____ my _____.

❹ 내가 게으르다는 걸 인정할게.
I must _____ _____ I'm _____.

❺ 지금 엄청 무섭다는 거 인정할게요.
I _____ _____ that I'm so _____ _____.

D A Y
097
I stayed up all night -ing ~.
난 ~하느라 밤을 샜어요.

자지 않고 어떠한 행동을 밤새서 했을 때 쓰는 패턴으로, 뒤에는 동명사 형태가
옵니다. 참고로 '~하느라 밤을 샐 거예요'라고 할 때는 과거시제 대신 미래시제
를 써서 I will stay up all night -ing로 말하면 됩니다.

195.MP3

**Listen &
Repeat**

잘 듣고 큰 소리로 따라 말해 보세요.

☐ **I stayed up all night** drinking with my friends.
내 친구들과 술 마시**느라 밤을 샜어**.

☐ **I stayed up all night** writing the report.
보고서를 쓰**느라 밤을 샜어**.

☐ **I stayed up all night** talking to my girlfriend.
여자친구와 이야기**하느라 밤을 샜어요**.

☐ **I stayed up all night** watching the soccer game.
축구 경기를 보**느라 밤을 샜어요**.

☐ **I stayed up all night** cramming for the final exam.
기말고사에 벼락치기를 **하느라 밤을 샜어요**. ★ cram 벼락치기 공부를 하다

**Speak &
Write**

주어진 우리말 문장을 영어로 말하고 써 보세요.

❶ 보고서를 쓰느라 밤을 샜어.
I stayed up _____ _____ _____ the report.

❷ 기말고사에 벼락치기를 하느라 밤을 샜어요.
I stayed _____ all night _____ for the _____ exam.

❸ 여자친구와 이야기하느라 밤을 샜어요.
I stayed up all _____ _____ to my _____.

❹ 내 친구들과 술 마시느라 밤을 샜어.
I _____ up all night _____ _____ my _____.

❺ 축구 경기를 보느라 밤을 샜어요.
I stayed up _____ night _____ the _____ game.

DAY
098
What a surprise to ~!
~하다니 놀랍네요!

어떠한 행위를 한 것에 대해 놀라움을 표현할 때 쓰는 패턴입니다. surprise는 명사로 쓰일 때는 '놀라운 일, 뜻밖의 일'이란 뜻이 있죠. 단순히 놀라움을 표현할 때도 What a surprise!만 단독으로 쓸 수 있어요.

196.MP3

Listen & Repeat

잘 듣고 큰 소리로 따라 말해 보세요.

☐ **What a surprise to see you here!**
여기서 널 만나**다니 놀랍**구나!

☐ **What a surprise to get a call from her!**
그녀에게 전화를 받**다니 놀랍**네!

☐ **What a surprise to find your old picture!**
당신의 옛날 사진을 발견하**다니 놀랍**네요!

☐ **What a surprise to get off work early!**
일찍 퇴근하**다니 놀랍**네요!

☐ **What a surprise to receive a text message from you!**
당신한테서 문자 메시지를 받**다니 놀랍**네요! ★ text message 문자

Speak & Write

주어진 우리말 문장을 영어로 말하고 써 보세요.

❶ 그녀에게 전화를 받다니 놀랍네!
What a surprise _____ get a _____ _____ her!

❷ 당신한테서 문자 메시지를 받다니 놀랍네요!
What a surprise to _____ a _____ message from you!

❸ 당신의 옛날 사진을 발견하다니 놀랍네요!
What a _____ to _____ your old _____!

❹ 여기서 널 만나다니 놀랍구나!
_____ a _____ _____ _____ you here!

❺ 일찍 퇴근하다니 놀랍네요!
_____ a _____ to _____ off _____ early!

256

099 It is said that ~.

~라고 하더라고요.

확실하지는 않지만 누군가로부터 전해 들은 내용을 다른 사람에게 말할 때 쓰는 패턴입니다. 확실한 근거는 없지만 사람들 사이에서 퍼지는 소문을 의미하는 '카더라 통신'을 생각하면 뜻을 이해하기 쉬울 거예요.

197.MP3

Listen & Repeat

잘 듣고 큰 소리로 따라 말해 보세요.

It is said that they have a son.
그들한테 아들이 있다고 **하더라고요.**

It is said that she is a good boss.
그녀는 좋은 상사라고 **하더라고요.**

It is said that he lives with his parents.
그는 부모님과 같이 산다고 **하더라고요.**

It is said that she studied in Italy before.
그녀가 전에 이탈리아에서 공부했었다고 **하더라고요.**

It is said that Jim is the tallest in his class.
짐이 자기 반에서 키가 가장 크다고 **하더라고요.**

Speak & Write

주어진 우리말 문장을 영어로 말하고 써 보세요.

❶ 그녀는 좋은 상사라고 하더라고요.
It _____ said _____ she is a good _____.

❷ 짐이 자기 반에서 키가 가장 크다고 하더라고요.
It is _____ that Jim is the _____ in his _____.

❸ 그는 부모님과 같이 산다고 하더라고요.
It _____ _____ that he _____ with his _____.

❹ 그들한테 아들이 있다고 하더라고요.
_____ _____ _____ that they _____ a son.

❺ 그녀가 전에 이탈리아에서 공부했었다고 하더라고요.
It is _____ that she _____ in Italy _____.

I feel like -ing ~.
~하고 싶어요.

어떠한 행동을 하고 싶은 마음이 들 때 쓰는 패턴입니다. 뒤에 동명사 형태가 오는 것에 주의하세요. 반대로 뭔가를 하고 싶은 마음이 들지 않을 때는 I don't feel like -ing를 쓰면 됩니다.

198.MP3

Listen & Repeat

잘 듣고 큰 소리로 따라 말해 보세요.

☐ **I feel like** crying now.
지금 울고 싶어.

☐ **I feel like** eating pasta.
파스타가 먹고 싶어.

☐ **I feel like** drinking an iced Americano.
아이스 아메리카노를 마시고 싶어요.

☐ **I feel like** shouting out loud.
크게 소리 지르고 싶어요. ★ shout out 크게 외치다

☐ **I feel like** running away from her.
그녀에게서 도망치고 싶어요. ★ run away from ~으로부터 도망치다

주어진 우리말 문장을 영어로 말하고 써 보세요.

Speak & Write

❶ 그녀에게서 도망치고 싶어요.
I feel _____ _____ _____ from her.

❷ 지금 울고 싶어.
I _____ like _____ _____.

❸ 크게 소리 지르고 싶어요.
I feel _____ _____ out _____.

❹ 파스타가 먹고 싶어.
I _____ _____ eating _____.

❺ 아이스 아메리카노를 마시고 싶어요.
I _____ _____ drinking an _____ Americano.

▶ 다음 문장을 주어진 패턴을 활용해 영어로 바꿔 말해 보세요.

I study hard.
나는 열심히 공부해요.

1 열심히 공부하느라 밤을 샜어요. **I stayed up all night -ing**

....

2 내가 열심히 공부했다는 걸 인정할게요. **I must admit that**

....

3 열심히 공부하고 싶어요. **I feel like -ing**

....

4 그가 열심히 공부했다고 하더라고요. **It is said that**

....

5 열심히 공부하다니 놀랍네요! **What a surprise to**

....

정답 1 I stayed up all night studying hard.   2 I must admit that I studied hard.
3 I feel like studying hard.   4 It is said that he studied hard.   5 What a surprise to study hard!

work 구동사

work의 기본적인 뜻은 '일하다'입니다. **work on**은 '붙어서(on) 일하다(work)' 인데, 무언가에 찰싹 달라 붙어서 열심히 일하면 '~에 노력을 기울이다'라는 뜻이 되지요. **work out**은 '바깥으로(out) 일하다(work)'입니다. 열심히 일해서 내 몸 바깥으로 효과가 보이면 '운동하다', 일해서 바깥으로 결과물이 잘 나오면 '(문제가) 잘 풀리다, 해결되다'라는 의미가 됩니다. **work off**는 '일해서(work) 떨어뜨리다(off)'입니다. 육체적인 노력을 통해 분노나 스트레스 등 강한 감정을 떨어뜨린다는 의미로, '(감정을) 풀다, 해소하다'라는 뜻으로 쓰입니다. **work for**는 '위해서(for) 일하다(work)'이므로 말 그대로 어떤 사람이나 회사를 위해 일한다는 뜻도 되지만, 무언가가 '잘 기능하다', 효과가 있어서 '잘 맞는다'라는 의미로도 많이 쓰입니다. **work up**은 '일해서(work) 올리다(up)'이므로 용기, 의욕, 자신감 등 어떠한 감정을 끌어 올려 '불러일으키다'라는 의미가 됩니다.

STEP 1 **Listen & Repeat** 잘 듣고 따라 말해 보세요. ▶ 200.MP3

| work on
노력을 들이다 | I'm **working on** my pronunciation.
나는 내 발음에 **노력을 들이고** 있어. |

| work out
운동하다 | I **work out** every day.
나는 매일 **운동을 합니다**. |

| work off
(스트레스·분노를) 풀다 | I **work off** stress by running.
난 달리기로 스트레스를 **풀어**. |

| work for
~에 잘 기능하다, 효과가 있다 | This English book **works for** me.
이 영어책이 내게 **잘 맞네요**. |

| work up
(감정을) 불러일으키다 | I'll **work up** the courage to call her.
그녀에게 전화하기 위해 용기를 **낼게요**. |

STEP 2 **Fill in the blanks** 주어진 우리말 문장을 영어로 써 보세요.

❶ 나는 매일 운동을 합니다.
I ▮▮▮▮▮ ▮▮▮▮▮ every day.

❷ 이 영어책이 내게 잘 맞네요.
This English book ▮▮▮▮▮ ▮▮▮▮▮ me.

❸ 난 달리기로 스트레스를 풀어.
I ▮▮▮▮▮ ▮▮▮▮▮ stress by running.

❹ 나는 내 발음에 노력을 들이고 있어.
I'm ▮▮▮▮▮ ▮▮▮▮▮ my pronunciation.

❺ 그녀에게 전화하기 위해 용기를 낼게요.
I'll ▮▮▮▮▮ ▮▮▮▮▮ the courage to call her.

STEP 3 **Speak & Write** 주어진 우리말 문장을 영어로 바꿔 말하고 써 보세요. ▶ 201.MP3
★ 정답 285쪽

❶ 우리 부모님은 매일 운동을 합니다.
_____

❷ 난 달리기로 내 분노를 풀어. (anger)
_____

❸ 나는 새 프로젝트에 노력을 들이고 있어.
_____

❹ 그녀에게 전화하기 위해 자신감을 끌어 올릴게요. (confidence)
_____

❺ 이 수업이 내게 잘 맞네요. (class)
_____

Exercise 1

▶ 앞에서 배운 문장을 활용해 다음 대화를 완성해 보세요.

1

A There is a typo in your report.

당신의 보고서에 오타가 있네요.

B Oh,

아, 그건 제 실수였다고 인정할게요.

2

A How often do you go for a run?

얼마나 자주 달리기를 해?

B Almost every day.

거의 매일. 난 달리기로 스트레스를 풀어.

3

A Excuse me. Are you Michael?

실례합니다. 마이클 맞죠?

B Oh, my gosh!

세상에! 여기서 당신을 만나다니 놀랍네요!

4

A Do you study English with this book?

이 책으로 영어 공부하니?

B Yes.

응. 이 영어책은 나한테 잘 맞아.

5

A **Is it true that David lives alone?**
데이비드가 혼자 사는 게 사실이야?

B **Actually,**
사실은 그가 부모님과 함께 산다고 하더라고.

6

A **Wow! Your English is perfect!**
우와! 당신의 영어는 완벽하네요!

B **Not yet.**
아직 아니에요. 저는 제 발음에 노력을 들이고 있어요.

7

A **What do you want for dinner?**
저녁으로 뭐 먹고 싶니?

B **Let's see.**
어디 보자. 나 파스타 먹고 싶어.

8

A **What's the secret to your beauty?**
당신의 아름다움의 비결은 무엇인가요?

B **Very simple!**
아주 간단해요! 저는 매일 운동을 해요.

202.MP3

★ MP3 파일을 듣고 대화를 따라 말해 보세요.

Exercise 2

★ 정답 286쪽

▶ 패턴과 구동사를 조합해 다음 문장을 말해 보세요.

1   나는 스트레스를 푸느라 밤을 샜어.
     I stayed up all night -ing + work off

2   그녀에게 전화하기 위해 용기를 내다니 놀랍네요!
     What a surprise to + work up

3   그들이 그 프로젝트에 노력을 들이고 있다고 하더라고요.
     It is said that + work on

4   이 수업이 내게 잘 맞는다는 것을 인정할게요.
     I must admit that + work for

5   오늘은 운동하고 싶어.
     I feel like -ing + work out

203.MP3

★ MP3 파일을 듣고 문장을 따라 말해 보세요.

스피킹이 되는 '셀카 영어 학습법'

단어와 표현을 많이 외우긴 했는데, 정작 영어가 입 밖으로 잘 나오지 않아서 고민인 분들 많으시죠? 아무래도 영어권 국가에 살지 않는 이상, 영어로 말할 기회가 별로 없으니까요. 외국인 친구를 사귀자니 부담스럽고, 영어회화 학원을 다니자니 학업이나 회사일로 시간을 내기 힘들고, 전화 영어로 매일 10분씩 떠들자니 너무 연습 시간이 짧고. 그런 분들을 위해 영어 스피킹 연습에 아주 좋은 '셀카 영어 학습법'을 소개해 드리고자 합니다. 이 학습법은 제가 직접 해 보고 아주 좋은 효과를 봤기에 자신 있게 추천해 드릴 수 있습니다!

1단계: 대본 쓰기

먼저 주제(좋아하는 영화, 가족 소개, 장래희망 등)를 정하고, 하고 싶은 말을 정리해 영어 대본을 써 봅니다. 모르는 단어나 문장 구조는 사전이나 인터넷을 참고해 주세요. 그 과정에서 내가 모르거나 헷갈렸던 단어와 문법을 확실하게 정리할 수 있습니다. 혹은 ChatGPT와 같은 인공지능 시스템을 활용해 첨삭을 받는 방법도 좋습니다.

2단계: 큰소리로 읽기

작성한 대본을 큰 소리로 읽어 봅니다. 이때 무작정 읽기보다는 인터넷 영어사전을 활용해 단어의 강세와 발음을 확인하면서 정확하게 읽어 보세요. 또한 의미 단위로 잘 끊어서 읽는 데 주의합니다. 이렇게 읽는 연습을 반복하면 어느새 대본을 술술 말할 수 있게 될 겁니다.

3단계: 녹화하기

이제 자신이 말하는 모습을 셀카로 찍은 다음 영상을 확인해 보세요. 아무래도 처음 하는 분들은 손발이 오그라들 정도로 자신의 모습이 어색할 겁니다. 하지만 굴하지 말고 두 번, 세 번 반복해서 내 마음에 들 때까지 녹화해 보세요. 점점 자연스러워지는 모습을 발견하게 될 겁니다. 영어가 그만큼 늘었다는 말이죠!

이런 식으로 영상을 10편, 30편, 50편씩 찍어 내 영어가 얼마나 달라지는지 직접 두 눈으로 확인하세요. 불가능은 없습니다. 오늘부터 당장 시작해 보세요!

Review 4

A 주어진 패턴을 활용해 다음 문장을 말해 보세요.

1 파인애플이 먹고 싶어요. **(I feel like -ing)**

_____

2 열심히 일할 이유가 없어요. **(There's no reason to)**

_____

3 영어 공부하는 것만 빼고 무엇이든 할게요. **(I'll do anything but)**

_____

4 그 책을 우연히 읽게 되었어요. **(I happened to)**

_____

5 거리를 청소하는 것이 내 일이에요. **(It's my job to)**

_____

B 아래 상자에서 맞는 구동사를 찾은 후, 알맞게 활용해 빈칸을 채우세요.

| carry back | blow away | run away | work off | pull in |

1 나는 춤을 춰서 스트레스를 풀어.

I _____ _____ stress by dancing.

2 그는 학교에서 도망쳤어요.

He _____ _____ from school.

3 그 노래는 제 어린 시절을 생각나게 해요.

The song _____ me _____ to my childhood.

4 그 기차는 정시에 도착할 거예요.

The train is going to _____ _____ on time.

5 그의 말들은 나에게 깊은 감명을 줬어요.

His words _____ me _____.

C 우리말 해석을 보고 빈칸을 채우세요.

1 네가 촛불을 불어 끌 차례야.

It's your _____ to _____ _____ the candle.

2 제 회사가 그 계획을 실행했다는 것이 정말 창피하네요.

I'm so _____ that my company _____ _____ the plan.

3 그 거래를 성사시켰어야 했어요.

I _____ have _____ _____ the deal.

4 제 발음에 노력을 들일 수 밖에 없어요.

I have no _____ but to _____ _____ my pronunciation.

5 당신의 남자친구가 매일 운동을 할 가능성은 낮다고 봐요.

I _____ that your boyfriend _____ _____ every day.

6 그가 제 고양이를 차로 쳤다는 것을 막 알았어요.

I just _____ out that he _____ _____ my cat.

7 당신은 학업을 계속해 나가기만 하면 됩니다.

All you _____ to do is _____ _____ with your education.

8 제가 왜 그 거래에서 손을 떼겠어요?

_____ would I _____ _____ of the deal?

9 테러리스트가 차를 폭파했다고 하더라고요.

It is _____ that the terrorist _____ _____ the car.

10 혹시 그가 전 여자친구를 우연히 만났는지 아세요?

Do you _____ to know if he _____ _____ his ex-girlfriend?

D 지금까지 배운 패턴과 구동사를 조합해 다음 문장을 말해 보세요.

① 돈을 다 써 버린 것을 후회해요.

I regret that + run out

_____

② 제 상사가 제 보고서를 훑어봤다니 다행이에요. (boss)

I'm relieved that + run through

_____

③ 여러분이 함께 협력해 주신다면 감사하겠습니다.

I'd appreciate it if you could + pull together

_____

④ 그 가방을 들고 다니느니 차라리 죽겠어.

I'd rather die than + carry around

_____

⑤ 그의 노래가 제 부모님을 감동시켰다는 것을 인정할게요.

I must admit that + blow away

_____

⑥ 용기를 내는 데 시간이 좀 걸려요.

It takes a while to + work up

_____

204.MP3

★ MP3 파일을 듣고 문장을 따라 말해 보세요.

ANSWERS
정답

1st WEEK

Phrasal verb   p.21

1   Look out for cars.
2   Look up that word on the Internet.
3   I have to look after my parents.
4   Don't look back on your childhood.
5   We'll look into the document.

Exercise 1   p.22

1   How long have you worked here?
2   Look up that word in the dictionary.
3   Have you ever been to New York?
4   We'll look into the problem.
5   I have to look after my son.
6   It seems that he likes me.
7   I wish I were[was] in my 20s.
8   Don't look back on the past.

Exercise 2   p.24

1   How long have you looked after your father?
2   It's difficult to look into the issue.
3   I wish she looked out for dogs.
4   It seems that he looked up that word in the dictionary.
5   Have you ever looked back on your life?

2nd WEEK

Phrasal verb   p.33

1   Don't forget to put this book back.
2   My parents put aside a million dollars.
3   I put together this chair.
4   We will put off the wedding.
5   They put out the lamp.

Exercise 1   p.34

1   I put together this table.
2   This is the first time I've traveled abroad.
3   My parents put aside some money.

4 I'm dying to eat fried chicken.

5 Don't forget to put it back.

6 There's no way they will marry.

7 You'd better quit drinking.

8 We will put off the meeting.

Exercise 2   p.36

1 You'd better put off the party.

2 I want you to put out the light.

3 There's no way he puts the pen back.

4 This is the first time I've put aside a lot of money.

5 I'm dying to put together this bookshelf.

3rd WEEK

Phrasal verb   p.45

1 I gave in to my client.

2 I will never give up this presentation.

3 He gives off negative vibes.

4 Give back my umbrella as soon as possible.

5 I gave out my toys to the students.

Exercise 1   p.46

1 You must have studied abroad.

2 I told you to lock the door.

3 Give back my laptop as soon as possible.

4 I gave out my books to the students.

5 I gave in to her temptation.

6 I knew you'd pass the test.

7 He gives off positive vibes.

8 I was just about to have lunch.

Exercise 2   p.48

1 I knew you'd give back my book.

2 I'm not in the mood for giving out Christmas presents.

3 You must have given off positive vibes.

4 I told you to give in to your wife.

5 I was just about to give up the trip.

4th WEEK

Phrasal verb   p.57

1   I don't want to go against our company policy.
2   The alarm goes off at 6:00.
3   Everybody went along with my new plan.
4   We're going through many changes.
5   I want to go out with his sister.

Exercise 1   p.58

1   I was told to work out every day.
2   we're going through a hard time.
3   What's the point of buying a good car?
4   everybody went along with my idea.
5   I'm sick of my job.
6   I want to go out with you.
7   Make sure that you go to bed early.
8   I don't want to go against the law.

Exercise 2   p.60

1   I was busy going out with him.
2   I'm sick of going through hard times.
3   I was told to go against the law.
4   Make sure that the alarm goes off at 6:00.
5   What's the point of going along with their idea?

5th WEEK

Phrasal verb   p.69

1   Did you take down her advice?
2   I'll take back my promise.
3   We'll take on a female employee.
4   I'll take over his project.
5   Can I take a month off?

Exercise 1   p.70

1   I've always wanted to go to Europe.
2   I'll take over his work.
3   It's no use studying abroad.

4 Can I take a day off?

5 I didn't mean to lie to you.

6 I'll take back my words.

7 Don't hesitate to call me.

8 We'll take on a new employee.

Exercise 2   p.72

1 I didn't mean to take a year off.

2 It's no use taking back your words.

3 Don't hesitate to take down his speech.

4 I've always wanted to take on good employees.

5 I can't wait to take over your science project.

Review 1

A   p.74

1 Don't hesitate to call him.

2 Have you ever been to Paris?

3 I'm not in the mood for studying.

4 There's no way she can come here.

5 I was busy cooking breakfast.

B   p.74

1 Don't forget to put these books back.

2 I looked up that word in the dictionary.

3 I gave out the pens to the students.

4 Did you take down her message?

5 My parents are going through a hard time.

C   p.75

1 I've always wanted to go out with him.

2 What's the point of looking into this problem?

3 I knew you'd put off the meeting.

4 I want you to take a month off.

5 I didn't mean to give up the chance.

6 Have you ever gone against company policy?

7 I told you to put out the fire.

8 Make sure that the alarm doesn't go off at 12:00.

9 I wish you **took back** your words.

10 It's difficult to **look back** on my past.

D   p.76

1 It seems that everybody goes along with my idea.

2 I was told to look after his kids.

3 You'd better give back my money.

4 I was just about to put together this table.

5 You must have taken over his project.

6 I'm dying to put aside a lot of money.

6th WEEK

Phrasal verb   p.85

1 I want to get my wallet back.

2 I get along with young people.

3 We have to get off the bus soon.

4 We'll get on the train on time.

5 I'll get over my disease.

Exercise 1   p.86

1 It doesn't hurt to get up early.

2 I'll get over the trauma.

3 I used to live in Canada.

4 I get along with everyone.

5 It's worth reading this book.

6 We have to get off the train soon.

7 I'm in the middle of cleaning my room.

8 I want to get my money back!

Exercise 2   p.88

1 I used to get off the train here.

2 I'm in the middle of getting over a breakup.

3 I can't stop getting along with them.

4 It doesn't hurt to get on the train early.

5 It's worth getting the book back.

7th WEEK

Phrasal verb   p.97

1   They turned down my invitation.
2   His business will turn around.
3   I turned in my homework yesterday.
4   My birthday turned into a nightmare.
5   Could you turn up the temperature?

Exercise 1   p.98

1   I never thought I would marry him.
2   They turned down my proposal.
3   You're not allowed to smoke here.
4   I turned in my report yesterday.
5   Is it okay if I tell you my opinion?
6   My vacation turned into a nightmare.
7   When was the last time you went on a business trip?
8   Could you turn up the volume?

Exercise 2   p.100

1   I can't help turning down their request.
2   Is it okay if I turn up the volume?
3   You're not allowed to turn in your application.
4   I never thought I would turn into a good father.
5   When was the last time the housing market turned
    around?

8th WEEK

Phrasal verb   p.109

1   This picture brings back my childhood.
2   She brought out a new product.
3   They brought in 1 billion dollars last year.
4   Don't bring my friends down.
5   I'll bring up the topic.

Exercise 1   p.110

1   I'm willing to pay for dinner.
2   She brought out her new album.

3 It doesn't matter if it's expensive.

4 This picture brings back good memories.

5 Don't bother to wait for me.

6 I'll bring up the issue.

7 they brought in 1 million dollars last year.

8 Is there any chance I can get a scholarship?

Exercise 2   p.112

1 I'm used to bringing out new products.

2 It doesn't matter if they bring me down.

3 I'm willing to bring up the issue.

4 Don't bother to bring in 1 billion dollars.

5 Is there any chance the photo brings back my childhood?

9th WEEK

Phrasal verb   p.121

1 She keeps me from smoking.

2 You need to keep away from alcohol.

3 Keep up the pace.

4 Could you keep your voice down?

5 Will you keep on running?

Exercise 1   p.122

1 I was wondering if you could help me.

2 You need to keep away from fast food.

3 I managed to persuade my parents.

4 I can't thank you enough for teaching English.

5 Will you keep on working?

6 Could you keep the volume down?

7 I made my best effort to win a scholarship.

8 She keeps me from drinking.

Exercise 2   p.124

1 I was thinking about keeping on running.

2 I managed to keep up my pace.

3 I can't thank you enough for keeping the volume down.

4 I made my best effort to keep him from drinking.

5   I was wondering if you could keep away from fast food.

10th WEEK

Phrasal verb   p.133

1   Don't fall for his temptations.
2   Our deal fell through.
3   I fell out with my parents.
4   She fell apart when her mother died.
5   My house fell down suddenly.

Exercise 1   p.134

1   How long does it take to fix this machine?
2   The building fell down suddenly!
3   Don't forget that you should set the alarm.
4   I fell out with my girlfriend.
5   It's been a long time since I quit smoking.
6   Our whole plan fell through.
7   I'm sure that he is a player.
8   Don't fall for his lies!

Exercise 2   p.136

1   I'm sure that their business will fall through.
2   How come you fell apart?
3   How long does it take to fall down?
4   Don't forget that you shouldn't fall for his temptations.
5   It's been a long time since I fell out with him.

Review 2

A   p.138

1   I can't stop eating cake.
2   I'm used to talking in French.
3   Don't forget that you're his mother.
4   I made my best effort to fix my laptop.
5   Is it okay if I take the subway?

1   The singer **brought out** her new album.

2   I want to get my smartphone **back**.

3   I **fell out** with my boyfriend.

4   They **turned down** my help.

5   She keeps him **from** drinking.

1   I'm sure that the building will **fall down**.

2   How **come** you **got on** the train?

3   How **long** does it take to **turn in** your report?

4   I used to **keep away** from fast food.

5   I can't **help falling for** his temptations.

6   I was **thinking** about **bringing up** the issue.

7   I managed to **keep** the volume **down**.

8   I never **thought** I would **bring** my parents **down**.

9   I'm in the **middle** of **getting over** my fear.

10 I was **wondering** if you could **turn up** the volume.

1   I'm willing to **get along with** everyone.

2   It doesn't matter if your boss **turns down** my proposal.

3   Is there any chance they will **bring in** 1 million dollars?

4   It doesn't hurt to **keep on** studying English.

5   It's been a long time since he **got off** the bus.

6   It's worth **keeping up** good habits.

11th WEEK

1   My new book will **come out** soon.

2   This handle **came off**.

3   His business is **coming along**.

4   Could you **come down** a few dollars?

5   A new problem **came up**.

1   There's no excuse for being late.

2　His new movie will come out soon.

3　My new project is coming along.

4　I'm embarrassed that I'm borrowing money from you.

5　It's a shame that I missed the concert.

6　Could you come down a little?

7　I have a feeling that he'll quit his job.

8　Some urgent issues came up.

Exercise 2　　　　　　　　　　　　　　　　　　　　　p.152

1　It's a shame that his movie won't come out this year.

2　I'm embarrassed that some new problems came up.

3　There's no excuse for coming down 100 dollars.

4　What's worse is that the button came off.

5　I have a feeling that his business is coming along.

12th WEEK

Phrasal verb　　　　　　　　　　　　　　　　　　　p.161

1　Their deal broke down.

2　I broke up with my boyfriend.

3　I broke into tears.

4　What did you do when the virus broke out?

5　Somehow, a man broke in last night.

Exercise 1　　　　　　　　　　　　　　　　　　　　　p.162

1　What I'm saying is that I don't agree.

2　I broke into laughter

3　I have no doubt that you can do it.

4　What did you do when the fire broke out?

5　There's no need to hurry.

6　the negotiations broke down.

7　All I know is that she lives in Seoul.

8　Somehow, a thief broke in last night.

Exercise 2　　　　　　　　　　　　　　　　　　　　　p.164

1　All I know is that the fire broke out yesterday.

2　I have no doubt that she broke into laughter.

3　What I'm saying is that a thief broke in last night.

4   There's no need to break up with her.

5   Let's say that their negotiations break down.

13th WEEK

Phrasal verb   p.173

1   The building manager cut off the water.

2   I'm not cut out for teaching.

3   My friends suddenly cut in line.

4   Can you cut down the cost?

5   I want to cut away this branch.

Exercise 1   p.174

1   I didn't expect to win the game.

2   I'm not cut out for this job.

3   Feel free to ask any questions.

4   Can you cut down the price?

5   What if it rains tomorrow?

6   The building manager cut off the electricity.

7   What's the harm in meeting them?

8   I want to cut away this part.

Exercise 2   p.176

1   I didn't expect to cut down the cost.

2   Feel free to cut in line.

3   If only I could cut off the electricity.

4   What if I'm not cut out for this job?

5   What's the harm in cutting away this branch?

14th WEEK

Phrasal verb   p.185

1   What does USA stand for?

2   She stood my friend up last night.

3   I'll always stand by your family.

4   All the students should stand back first.

5   Her talent stands out.

Exercise 1   p.186

1 It bothers me that he lives alone.
2 Her beauty stands out!
3 How dare you say that to me!
4 I'll always stand by you.
5 Can you help me do my homework?
6 she stood me up last night.
7 What do you say we go for a drink?
8 We should stand back first.

Exercise 2   p.188

1 What do you say we stand back?
2 It bothers me that his name stands for darkness.
3 How dare you stand me up!
4 It's not like you always stand by him.
5 Can you help me stand out?

15th WEEK

Phrasal verb   p.197

1 Hang on for a few minutes.
2 I'll hang on to my dream.
3 Why are they hanging around here?
4 Don't hang up on her.
5 I want to hang out with my friends.

Exercise 1   p.198

1 I'm telling you, I'm full.
2 Hang on for a second.
3 I can't bring myself to answer his call.
4 I'll hang on to my job.
5 Don't hang up on me!
6 I'm itching to go on vacation.
7 I want to hang out with her.
8 I was wrong to tell you this.

Exercise 2   p.200

1 I'm telling you, you should hang on for a second.

2   You have every right to hang around here.

3   I'm itching to hang out with my friends.

4   I can't bring myself to hang on to my job.

5   I was wrong to hang up on you.

Review 3

A   p.202

1   Can you help me open the door?

2   There's no need to call him.

3   Feel free to call me.

4   You have every right to be happy.

5   It's a shame that they can't come.

B   p.202

1   I want to **cut away** that part.

2   What does EIA **stand for**?

3   This stain **came off**.

4   The fire **broke out** yesterday.

5   **Hang on** for a moment.

C   p.203

1   Let's **say** that my project is **coming along** well.

2   I have a **feeling** that his car **broke down**.

3   It's not **like** you **cut down** the price.

4   **If only** I could **stand by** you.

5   It **bothers** me that he **hung up** on me.

6   I didn't **expect to stand out**.

7   There's no **need to hang around** here.

8   I'm **embarrassed** that I **broke into** tears.

9   All I know is that they **cut off** the electricity.

10 I have no **doubt** that her book will **come out** soon.

D   p.204

1   What I'm saying is that my boyfriend **stood** me **up**.

2   How dare you **break in** here!

3   I was wrong to **cut in** line.

4   I'm itching to **break up** with her.

282

5 What do you say we hang out today?

6 What's worse is that I'm not cut out for this job.

16th WEEK

Phrasal verb   p.213

1 They ran out of time.

2 Someone ran over my cat.

3 I ran through his report.

4 He ran away from prison.

5 I ran into my boss.

Exercise 1   p.214

1 I just found out that she's married.

2 I ran through his proposal.

3 Why would I buy it?

4 Someone ran over my dog!

5 I'd appreciate it if you could stop by my office.

6 I ran into my ex-girlfriend!

7 It's my job to teach them English.

8 They ran out of money.

Exercise 2   p.216

1 All you have to do is run into my boss.

2 I'd appreciate it if you could run away from this situation.

3 It's my job to run through your report.

4 I just found out that they ran out of money.

5 Why would I run over your dog?

17th WEEK

Phrasal verb   p.225

1 The food carries me back to my childhood.

2 Let's carry the job interview over to tomorrow.

3 They carried out the punishment.

4 She always carries around the bag.

5 I'll carry on with my business.

Exercise 1

p.226

1 Do you happen to know if he can drive a car?
2 She always carries around her laptop.
3 It's your turn to clean the bathroom.
4 I'll carry on with my education.
5 There's no reason to work overtime.
6 I doubt that it's true.
7 The smell carries me back to my childhood.
8 Let's carry the meeting over to tomorrow.

Exercise 2

p.228

1 I should have carried on with my education.
2 There's no reason to carry around your bag.
3 It's your turn to carry out the plan.
4 Do you happen to know if he carried the meeting over to tomorrow?
5 I doubt that her food will carry me back to my childhood.

18th WEEK

Phrasal verb

p.237

1 Can I blow out the remaining candles?
2 Don't blow him off this time.
3 The terrorist blew up the building.
4 The rumor about her will blow over.
5 Her voice blew me away.

Exercise 1

p.238

1 I'd rather die than dance on the stage!
2 Can I blow out the candles?
3 I'm having a hard time losing weight.
4 The storm will blow over soon.
5 I have no choice but to cancel the meeting.
6 Her speech blew me away.
7 I'm relieved that you like my food.
8 Don't blow me off this time.

Exercise 2   p.240

1   I'd rather die than blow him off.

2   I'm relieved that the storm will blow over soon.

3   I'll do anything but blow up the car.

4   I'm having a hard time blowing them away.

5   I have no choice but to blow out the candles.

19th WEEK

Phrasal verb   p.249

1   We pulled off the assignment.

2   They pulled out of the project.

3   The train pulled in at 3:00.

4   The truck suddenly pulled up.

5   All the students must pull together.

Exercise 1   p.250

1   I hope you enjoy your vacation.

2   They pulled out of the deal.

3   I regret that I moved to Seoul.

4   We pulled off the deal.

5   It takes a while to get used to this system.

6   The train pulled in on time.

7   I'm so ashamed that I was rude to him.

8   All the employees must pull together.

Exercise 2   p.252

1   It takes a while to pull out of the project.

2   I happened to see the train pulling in.

3   I hope you all pull together.

4   I regret that I didn't pull off the deal.

5   I'm so ashamed that my car suddenly pulled up.

20th WEEK

Phrasal verb   p.261

1   My parents work out every day.

2   I work off my anger by running.

3 I'm working on a new project.

4 I'll work up the confidence to call her.

5 This class works for me.

Exercise 1   p.262

1 I must admit that it was my mistake.

2 I work off stress by running.

3 What a surprise to see you here!

4 This English book works for me.

5 it is said that he lives with his parents.

6 I'm working on my pronunciation.

7 I feel like eating pasta.

8 I work out every day.

Exercise 2   p.264

1 I stayed up all night working off stress.

2 What a surprise to work up the courage to call her!

3 It is said that they are working on the project.

4 I must admit that this class works for me.

5 I feel like working out today.

Review 4

A   p.266

1 I feel like eating pineapple.

2 There's no reason to work hard.

3 I'll do anything but study English.

4 I happened to read the book.

5 It's my job to clean the street.

B   p.266

1 I **work off** stress by dancing.

2 He **ran away** from school.

3 The song **carries** me **back** to my childhood.

4 The train is going to **pull in** on time.

5 His words **blew** me **away**.

C   p.267

1   It's your turn to blow out the candle.
2   I'm so ashamed that my company carried out the plan.
3   I should have pulled off the deal.
4   I have no choice but to work on my pronunciation.
5   I doubt that your boyfriend works out every day.
6   I just found out that he ran over my cat.
7   All you have to do is carry on with your education.
8   Why would I pull out of the deal?
9   It is said that the terrorist blew up the car.
10 Do you happen to know if he ran into his ex-girlfriend?

D   p.268

1   I regret that I ran out of money.
2   I'm relieved that my boss ran through my report.
3   I'd appreciate it if you could pull together.
4   I'd rather die than carry around the bag.
5   I must admit that his song blew my parents away.
6   It takes a while to work up the courage.

액팅글리시 곤쌤의
스피킹
치트키
영어패턴 + 구동사
100

지은이 김동곤
펴낸이 정규도
펴낸곳 (주)다락원

초판 1쇄 발행 2023년 3월 15일
초판 2쇄 발행 2024년 5월 30일

편집 허윤영, 유나래
디자인·조판 배진웅(유어텍스트)

다락원 경기도 파주시 문발로 211
내용문의 (02)736-2031 내선 523
구입문의 (02)736-2031 내선 250~252
Fax (02)732-2037
출판등록 1977년 9월 16일 제406-2008-000007호

ISBN 978-89-277-0172-9 13740

http://www.darakwon.co.kr
다락원 홈페이지를 방문하시면 상세한 출판정보와 함께 동영상 강좌,
MP3자료 등 다양한 어학 정보를 얻으실 수 있습니다.